Das Vorlesebuch für kleine starke Jungs

Das Vorlesebuch für kleine starke Jungs

Mit Bildern von Dirk Hennig

Thienemann

Rothmund, Sandra (Hrsg.):
Das Vorlesebuch für kleine starke Jungs
ISBN 978 3 522 18277 5

Gesamtausstattung: Dirk Hennig
Einbandtypografie: Michael Kimmerle
Schrift: Meridien, Countryhouse
Satz: KCS GmbH, Buchholz/Hamburg
Reproduktion: Photolitho AG, Gossau/Zürich
Druck und Bindung: Livonia Print, Riga
© 2011 by Thienemann Verlag
(Thienemann Verlag GmbH) Stuttgart/Wien
Alle Rechte vorbehalten. Printed in Latvia.
9 8 7 6 5°   13 14 15 16

Thienemann Newsletter
Lesetipps und vieles mehr kostenlos per E-Mail
www.thienemann.de

Inhaltsverzeichnis

Große Schwester, kleiner Bruder

von Astrid Lindgren

»Jetzt«, sagte die große Schwester zum kleinen Bruder, »jetzt werde ich dir ein Märchen erzählen. Vielleicht kannst du dann für ein Weilchen aufhören, Unfug zu machen.«

Der kleine Bruder steckte seinen Zeigefinger in die Wanduhr, um zu sehen, ob sie wohl stehen bliebe. Und das tat sie. Dann sagte er: »Fang schon an!«

»Ja, weißt du«, sagte die große Schwester, »es war einmal ein König, der saß auf einem Thron und hatte eine Krone auf dem Kopf ...«

»Ein komischer Platz, um sein Geld zu verwahren! Wenn ich eine Krone habe, lege ich sie immer in die Sparbüchse.«

»Ach, wie dumm du bist«, sagte die große Schwester. »Das war doch eine andere Art von Krone.«

»Ach so«, sagte der kleine Bruder, nahm die Wasserkaraffe und goss etwas Wasser auf den Fußboden.

»Der König hatte einen kleinen Prinzen, und eines Tages sagte nun der König zu dem Prinzen, dass er sicher eine böse Krankheit habe, denn er fühle sich so schlecht.«

»Wie konnte der König wissen, dass der Prinz sich schlecht fühlte?«, fragte der kleine Bruder und kletterte auf den Tisch.

»Soviel ich weiß, war es der König, dem schlecht war«, sagte die große Schwester ungeduldig.

»Dann sag das doch gleich«, sagte der kleine Bruder. »Bekam er Rizinusöl?«

»Wer? Der König?«

»Ja, natürlich der König!«, sagte der kleine Bruder. »Denn wenn es wirklich er war, der sich krank und schlecht fühlte, dann wäre es doch Unsinn gewesen, dem Prinzen Rizinusöl zu geben.«

»Du redest so viel dummes Zeug!«, rief die Schwester. »Im Märchen kommt kein Rizinusöl vor.«

»Ach so«, sagte der kleine Bruder und brachte die Hängelampe gewaltig ins Schaukeln. »Das ist ungerecht. Ich muss immer Rizinusöl nehmen, wenn ich krank bin.«

»Weil sich also der König schlecht fühlte, deshalb sagte er zum Prinzen, dass er in ein fernes Land reisen müsse, um einen Apfel zu holen.«

»Das war aber nicht sehr klug von ihm, wegen eines Apfels eine so weite Reise zu machen – wenn er sich doch so schlecht fühlte«, sagte der kleine Bruder.

»Du machst mich noch verrückt!«, stöhnte die große Schwester. »Es war doch der Prinz, der die Reise machen sollte, um den Apfel zu holen.«

»Dann sag das doch gleich«, sagte der kleine Bruder und ließ die Lampe noch heftiger schwingen. »Aber warum musste er denn ausgerechnet in ein fernes Land fahren? Gab es denn in der Nähe keinen Garten, wo er einen Apfel klauen konnte?«

»Das war kein gewöhnlicher Apfel, begreifst du das nicht? Es war ein Wunderapfel, und wenn jemand krank war, brauchte er nur an dem Apfel zu riechen, und er wurde wieder gesund.«

»Ich bin sicher, es wäre genauso gut mit etwas Rizinusöl gegangen. Und dann hätten sie ihr gutes Geld nicht in teure Fahrkarten zu stecken brauchen, um in ein fernes Land zu reisen«, sagte der kleine Bruder und bohrte in einem Loch in seinem linken Strumpf, sodass es noch größer wurde, als es schon war.

»Der Prinz fuhr überhaupt nicht mit einer Eisenbahn!«, sagte die große Schwester.

»Tat er nicht? Na ja, Reisen mit dem Schiff sind aber auch nicht gerade billig.«

»Er fuhr nicht mit dem Zug, und er fuhr nicht mit einem Schiff. Er flog!«

Endlich sah der kleine Bruder etwas interessierter aus.

»Mit einer DC6?«, fragte er, und einen Augenblick ließ er das Bohren in seinem Strumpfloch.

»Er flog nicht mit einer DC6«, sagte die große Schwester unzufrieden. »Er flog auf einem Teppich.«

»Sachte, sachte!«, warnte der kleine Bruder. »Du denkst wohl, ich glaube alles, he?«

»Es war aber so – bestimmt«, beteuerte die große Schwester. »Er setzte sich einfach auf den Teppich und sagte: ›Flieg, flieg in ein fernes Land!‹ Und da flog der Teppich auch gleich mit ihm davon, hoch durch die Luft und weit übers Meer.«

»Und so etwas glaubst du«, sagte der kleine Bruder überlegen. »Ich werde dir zeigen, wie viel davon zu glauben ist.« Er sprang vom Tisch herunter und setzte sich auf den kleinen Flickenteppich, der vor dem Kamin lag. »Flieg, flieg in ein fernes Land!«, sagte er. Der Teppich rührte sich nicht. »Was sagst du nun?«, fragte der kleine Bruder. »Ahnte ich's doch. Mit einem Teppich kommt man nicht einmal halbwegs nach Sädertälje, viel weniger in ein fernes Land.«

»Wenn du so dumm bist, erzähl ich dir keine Märchen mehr«, sagte die große Schwester beleidigt. »Du weißt doch ganz genau, dass es nicht solch ein Teppich war. Es war ein verzauberter Teppich, von einem indischen Magier gewebt.«

»Na und? Was macht denn das schon für einen Unterschied, ob den Teppich ein indischer Magier oder ein dicker Schwede gewebt hat?«, fragte der kleine Bruder.

»Komm mir nicht mit solch dummen Einwänden!«, sagte die große Schwester. »Ein Magier ist dasselbe wie ein Zauberer. Der Prinz flog auf dem Teppich, und damit basta. Er flog und er flog und er flog ... «

»Du erzählst so umständlich, dass der König gleich ein paarmal sterben kann, bevor der Prinz mit dem Apfel nach Hause kommt«, sagte der kleine Bruder. »Übrigens glaube ich, dass er den Apfel auf dem Heimweg selber verputzt hat.«

»Das tat er gewiss nicht«, sagte die große Schwester. »Das war ein sehr artiger Prinz. Der war nicht so wie du. Aber bevor er den Apfel bekam, musste er erst den mächtigen Zauberer dort im fernen Land besiegen.«

»Wie viele Runden ging das?«, fragte der kleine Bruder.

»Ich weiß nicht, was du meinst. Die gingen gar keine Runden.«

»Aha, er hat ihn direkt k. o. geschlagen?«

»Nun hör mal gut zu«, sagte die große Schwester. »Der Zauberer sagte zu dem Prinzen: ›Ha, jetzt soll Christenblut fließen!‹«

»Christenblut?«, fragte der kleine Bruder. »Was ist das? Er meinte wohl Nasenblut. Wäre ich der Prinz gewesen, ich hätte dem Zauberer ordentlich eins auf die Nase geknallt! Dann hätte er Christenblut gesehen, dass es nur so gebrummt hätte!«

»Es macht keinen Spaß, dir Märchen zu erzählen«, sagte die große Schwester.

»Und ich finde Märchen richtig lustig«, sagte der kleine Bruder.

»Also, als es dem Prinzen endlich geglückt war, den Zauberer zu erschlagen, drückte er den Apfel an seine Brust.«

»Drückte also der Zauberer den Apfel an seine Brust ... Ja, aber, soviel ich verstehe, war der Zauberer doch tot?«, sagte der kleine Bruder.

»Oh«, sagte die große Schwester. »Oh!!! Es war doch der Prinz! Der drückte den Apfel ...«

»Hat der Prinz den Apfel an die Brust des Zauberers gedrückt? Warum tat er das? Wäre es nicht besser gewesen, wenn er den Apfel genommen hätte, und dann nichts wie weg?«

»Du machst mich wahnsinnig!«, schrie die große Schwester. »Der Prinz drückte den Zauberer ... nein, was rede ich! Ich meine: Der Prinz drückte ... Ätsch, du bringst mich mit deinem dummen Gerede völlig durcheinander, du ungezogener Bengel!«

»Na, ich werde dir mal erzählen, wie es wirklich war«, sagte der Kleine. »Zuerst drückte der Prinz den Apfel an das Mondgesicht des Zauberers. Und dann nahm der Zauberer den Teppich und drückte

ihn an die Stirn des Prinzen und sagte: ›Flieg, flieg in ein fernes Land!‹ Und dann setzte sich der Prinz auf den Apfel und flog nach Södertälje. Und dann kam der Teppich auf dem Zauberer angeritten, der so mager war, dass man wieder gesund wurde, wenn man nur an ihm roch. Und der König, der durch dein Getrödel bereits gestorben war, drückte den Zauberer an die Brust des Prinzen, und da aß der Teppich den Apfel auf, und dann lebten sie glücklich, solange sie lebten.«

»Ich erzähl dir nie wieder ein Märchen«, sagte die große Schwester.

»Kann ich mich darauf verlassen?«, sagte der Kleine.

Schaf ahoi

von Dorothee Haentjes

Auf einer kleinen Insel in der Nordsee, in Sichtweite des Festlands und doch schon mitten im Meer, lebte der Bauer Ole. Wenn Ebbe war, zog sich das Wasser zurück. Dann trennte nur das Watt Bauer Oles Insel vom Festland. Wenn aber ein paar Stunden später wieder die Flut kam, sah von der Insel nur noch die kleine grüne Kuppe mit Bauer Oles Haus hervor.

Im Stall neben dem Bauernhaus wohnte Bauer Oles Schafherde. Jeden Morgen ließ Ole die Schafe heraus auf die grüne Kuppe der Insel, und abends, wenn sie genug gegrast hatten, ließ er sie durch die halbhohe Pforte des Stalles wieder herein. Immer schön eins nach dem anderen, damit Bauer Ole zählen konnte, ob die Herde vollzählig war. Leider erging es ihm dabei oft so wie den meisten Leuten, die Schafe zählen: Bauer Ole schlief darüber ein.

Berthold war ein Jungschaf wie viele in Bauer Oles Herde. Weil er aber keine Geschwister hatte, war seine Mutter um ihn sehr besorgt, und sie achtete darauf, dass er etwas lernte – über das Meer, den Wind und das Schafleben im Allgemeinen. Und wenn er mal zusammen mit den anderen Jungschafen zu nah am Wasser graste, rief sie ängstlich: »BÄÄÄRTHOLD!« Das ging Berthold jedes Mal durch Mark und Bein.

Eines Tages tuschelten die Jungschafe oben auf dem Hügel miteinander. Berthold stellte sich gegen den Wind, sodass seine Ohren nach hinten wehten, und lauschte. Er schnappte die Worte »abhauen«, »Festland« und »Abenteuer« auf.

»Nehmt ihr mich mit?«, fragte er.

Die anderen sahen ihn herablassend an.

»Das ist nichts für dich, BÄÄÄRTHOLD«, antwortete das stärkste Jungschaf. »Muttersöhnchen wie dich können wir nicht brauchen.«

Berthold ließ sich nicht beirren. »Wie wollt ihr denn überhaupt hinüberkommen?«, fragte er.

»Na, wie wohl? Heute Abend bei Ebbe auf den Hufen durchs Watt«, antwortete ein anderes Schaf.

»Bei Dunkelheit durchs Watt, das ist ziemlich gefährlich«, sagte Berthold. »Außerdem sinkt man mit den Hufen ein. Und wenn ihr nicht drüben seid, bevor das Wasser zurückkommt ...«

»Mach dir um uns keine Sorgen, du Besserwisser«, unterbrach ihn der Anführer. »Und überhaupt? Was geht dich denn unser Abenteuer an?«

»Bleib schön bei Mami und lern etwas, du Streber. Über den Wind, das Meer und das Schafleben im Allgemeinen«, lachte das frechste Schafsmädchen. »Von uns aus kannst du auf der Insel bleiben, bis du schwarz wirst.«

»BÄÄÄRTHOLD!«, blökten die Jungschafe gemeinsam. Und dazu schlugen sie vor Vergnügen mit den Hinterläufen aus.

Als am Abend die Sonne unterging und es Zeit war, die Schafe zusammenzuteiben, stellte Bauer Ole sich an die Pforte des Stalles und zählte jedes einzelne Schaf, das in den Stall hineinlief: »Eins, zwei, drei, vier, fünf«, be-

gann er. »Sechs, sieben, acht … « Beim neunten Schaf zählte Ole nicht mehr. Und beim zehnten machte er nur noch: »Chrrr, chrrr, püüü!«

Als kein Schaf mehr in den Stall hineinlief, wachte Ole wieder auf. Er schloss die halbhohe Pforte und ging in sein Haus.

Nun war es still auf der ganzen Insel. Bauer Ole schlief und die Schafe schliefen. Auch Bertholds Mutter schlief tief und fest, das merkte man daran, dass sie im Traum nur ganz leise »Bäääarthold« machte.

Aber einer war noch wach: Berthold. Er sah durch die halbhohe Pforte in den Abendhimmel, an dem langsam die ersten Sterne aufzogen. Er hatte genau gemerkt, dass nicht alle Schafe zurück in den Stall gelaufen waren, als Ole beim Zählen eingeschlafen war.

Berthold überlegte lange. So lange, bis der Morgen graute und die zurückkehrenden Wellen des Meeres schon wieder auf die Insel und das Festland zurauschten.

Jetzt oder nie! Berthold stand auf. Er nahm alle Kraft zusammen und sprang aus dem Stand über die halbhohe Stallpforte hinaus ins Freie. Ohne sich umzusehen, lief er die grüne Kuppe der Insel hinunter, bis dorthin, wo Oles Kahn lag und gerade wieder Wasser unter den Kiel bekam. Berthold sprang hinein und durch den Schwung rutschte der Kahn vollends ins Wasser.

Es schaukelte ganz schön. Berthold betrachtete die Wellen. Er wusste, dass die Flut den Kahn an das Festland treiben würde.

Berthold lehnte sich zurück. In diesem Fall war es wirklich praktisch, etwas über den Wind, das Meer und das Schafleben im Allgemeinen gelernt zu haben.

Je näher Berthold dem Festland kam, umso deutlicher sah er den Deich und die weißen Punkte darauf. Das musste genau so eine Schafherde sein wie die, in der Berthold lebte! Und je deutlicher er das Blöken der Schafe vernahm, desto bekannter kamen ihm die Stimmen vor.

Mit einem lauten Knirschen stieß Bertholds Kahn an Land, mitten in die Schafherde.

»Was machst du denn hier?« Der Anführer der Jungschafe sah ihn erstaunt an.

»Ich erlebe mein eigenes Abenteuer«, antwortete Berthold. »Und ihr? Was ist mit eurem Abenteuer?«

»Na ja.« Das frechste Schafsmädchen druckste herum. »Es ist ziemlich gefährlich, im Dunkeln durchs Watt zu laufen. Außerdem sinkt man mit den Hufen ein. Und beinahe hätte uns die Flut erwischt.«

Berthold wurde hellhörig. »Traut ihr euch jetzt etwa nicht mehr zurück?«

Die anderen schwiegen verlegen.

Berthold überlegte kurz. »Es gibt zwei Möglichkeiten«, sagte er dann. »Entweder ihr wartet hier, bis ihr schwarz werdet, oder«, er machte eine bedeutungsvolle Pause, »oder ihr steigt in meinen Kahn und hört auf mein Kommando.«

So wie die Schafe jeden Abend durch die halbhohe Pforte von Oles Stall liefen, sprangen sie jetzt nacheinander in das Boot.

Nun ging die Fahrt zurück, denn mittlerweile hatte die Ebbe eingesetzt, und mit dem abfließenden Wasser entfernte sich Bertholds Kahn gemütlich schaukelnd vom Festland und trieb zurück in Richtung der Insel.

Doch plötzlich zogen dichte Wolken über das Wasser, sodass die Schafe bald nicht mehr die Hufe vor den Augen sehen konnten. Nur noch das Tuten der Schiffsnebelhörner drang zu ihnen.

»Bei Nebel auf dem Meer«, sagte das Schafsmädchen, »das ist mindestens so gefährlich wie Dunkelheit im Watt. Was sollen wir jetzt machen, Berthold?«

»Verlasst euch ganz auf mich«, antwortete Berthold. »Ich kenne mich nämlich zufällig ein bisschen aus mit dem Wind, dem Meer und dem Schafleben im Allgemeinen.«

Damit stellte er sich in die Spitze des Kahns und reckte den Kopf in den Wind, sodass die Ohren nach hinten wehten. »MAAA-MAAA!«, blökte er laut.

Und ganz leise und von ferne vernahmen Berthold und die Jungschafe eine Stimme: »BÄÄ-ÄRTHOLD!«

Und ein paar Augenblicke später noch einmal: »BÄÄÄRTHOLD!«

Berthold drehte sich triumphierend um. Wer hatte schon eine Mutter, die man als Nebelhorn gebrauchen konnte?

»Ruder rechts!«, kommandierte er.

Und die übrigen Jungschafe gehorchten ihm plötzlich sehr gern.

Als Oles Kahn mit dem Kiel in der Insel stecken blieb, sprangen die Jungschafe an Land. Der Nebel war so dicht, dass jenseits der grünen Kuppe der kleinen Insel nichts mehr zu sehen war. Berthold verließ den Kahn als Letzter.

»Bääärthold«, krächzte seine Mutter. Sie war vom Blöken ganz heiser geworden. »Junge, wo steckst du denn bloß? Bei dem Nebel!«

»Ich habe mit den anderen gespielt«, antwortete Berthold. »Wir haben uns in Oles Kahn versteckt.«

»In Oles Kahn?«, krächzte Bertholds Mutter. »War das denn nicht zu gefährlich, so nahe am Wasser?«

»Bestimmt nicht, Mama«, antwortete Berthold. »Jungschafe wie wir wissen doch schon manches über den Wind, das Meer und das Schafleben im Allgemeinen.«

»Na, dann ist es ja gut«, antwortete Bertholds Mutter. Und dann trieb sie ihren Sohn mit der Nase auf den Stall zu, wo Ole schon an der halbhohen Pforte stand, um die Schafe zu zählen.

20

Der blaue Hai

von Heinz Janisch

»Flossen hoch!«, rief der rote Feuerfisch. »Und dann kräftig rudern. Macht euch aus dem Staub! Er kommt!«

»Staub ist gut«, sagte der kleine Grünzacken. »Hat hier irgendjemand schon mal Staub gesehen?«

Die anderen Fische – kleine und große Grünzacken, Gelbschwänze und Schwarzpunkte – glitten still durchs Wasser.

»Der Kleine hat schon recht – was soll die ganze Aufregung!«, sagte schließlich einer der langen, eleganten Gelbschwänze.

»Er kommt! Er kommt! Er kommt – wo man auch hinkommt, hört man nichts anderes als dieses aufgeregte Geschrei. Und wie sie alle herumzappeln! Als wäre das Ende der Welt gekommen!«

»Nicht das Ende der Welt«, brummte ein alter, schwerer Schwarzpunkt. »Unser Ende! Das Ende der Fische, die hier in diesem Teil des Meeres leben. Der Rest der Welt wird gar nicht merken, dass es uns nicht mehr gibt!«

»Warum sollte es uns nicht mehr geben?«, rief der kleine Grün-zacken aufgeregt. »Nur weil ein einziger blauer Hai hierherkommt?«

»Nur?«, fuhr ihn der alte Schwarzpunkt an. »Hast du ›nur‹ gesagt?« Er kam dem kleinen Grünzacken

bedrohlich näher. »Nur ein Grünschnabel wie du weiß nicht, was das bedeutet, wenn der blaue Hai hierherkommt«, sagte er gefährlich leise.

»Ich habe unzählige Fischfamilien verschwinden sehen. Und zwar nicht irgendwo. Sondern im Maul eines blauen Hais!«

Er schnappte zornig nach dem kleinen Grünzacken, der sich erschrocken hinter den Flossen seiner Mutter versteckte.

»Was soll das? Du erschreckst hier die Kinder und uns dazu!«, sagte die Mutter des kleinen Grünzacken. »Sollen wir uns alle zu Tode fürchten?«

»Ja«, brummte der alte Schwarzpunkt. »Vielleicht sollten wir das.« Er verscheuchte eine kleine Wasserschildkröte, die seinen Weg kreuzte. »Ich habe gesehen, wie der blaue Hai ein ganzes Schiff verschluckte«, sagte er mit dramatischer Stimme. »Ich habe gesehen, wie er das riesige Boot verspeiste, als wäre es eine Seegurke!«

»Jetzt reicht's aber!«, rief einer der Grünzacken. »Wir haben schon verstanden, dass sich der blaue Hai einen guten Happen nicht entgehen lässt! Aber wer sagt, dass er gerade auf uns Appetit hat?«

»Der blaue Hai frisst alles, was ihm in den Weg kommt«, sagte der alte Schwarzpunkt düster.

Sie schwammen weiter und versuchten, nahe beim Meeresgrund zu bleiben, bei den Algen und Gräsern, bei den Felsen und Höhlen, um sich rasch verstecken zu können.

»Hallo Leute!«, rief ein riesiger Buntfisch, der plötzlich aus einer Höhle kam. Der kleine Grünzacken wäre beinahe ohnmächtig geworden vor Schreck. Alle redeten und schimpften zugleich los.

»Weißt du nicht, was hier los ist?«, fuhr einer der Gelbschwänze den Buntfisch an.

»Der blaue Hai kommt! Wie kannst du uns da so erschrecken?«

»Was? Rudi kommt?«, fragte der Buntfisch erfreut. »Das ist aber eine Überraschung. Hat er meinen Geburtstag doch nicht vergessen!«

»Was redest du da für wirres Zeug?«, fragte ein Schwertfisch, der sich gerade von einem Grünzacken sein Schwert putzen ließ. »Weißt du nicht, dass der blaue Hai so ziemlich das Gefährlichste ist, das man im Wasser treffen kann?«

»Schon möglich«, sagte der Buntfisch unbekümmert. »Aber Rudi doch nicht. Wir sind alte Kumpel. Waren in der gleichen Schulklasse. Wir waren beim Wettschwimmen unschlagbar. Ein starkes Duo! Leider ist Rudi dann mit seiner Familie weggezogen!«

»Schwachsinn!«, rief der alte Schwarzpunkt wütend. »Blaue Haie sind unsere Feinde. Wie kannst du mit einem blauen Hai in einer Klasse gewesen sein?«

»Noch nie etwas von einem Austauschprogramm gehört?«, fragte der Buntfisch erstaunt. »Ein paar von uns waren in der Haifisch-Klasse. Hat ihnen gut gefallen!«

»Ich versteh die Welt nicht mehr«, brummte der alte Schwarzpunkt und verschwand hinter einem Felsen.

»Wann hast du denn Geburtstag?«, fragte der kleine Grünzacken und schwamm auf den Buntfisch zu.

»Na heute!«, rief der Buntfisch.

»Alles Gute, Kumpel!«, sagte da eine tiefe Stimme.

Genau über dem Buntfisch und dem kleinen Grünzacken leuchtete etwas Blaues auf.

»Hallo, Rudi!«, rief der Buntfisch. »Schön, dich zu sehen!«

Die anderen Fische waren plötzlich verschwunden. Nur der kleine Grünzacken schaute den blauen Hai neugierig an.

»Tolle Zähne«, sagte er.

»Na ja. Geht so«, sagte der blaue Hai verlegen. »Ich müsste mal wieder zum Zahnarzt. Aber wer geht da schon gern hin …«

»Ich nicht«, sagte der kleine Grünzacken und zeigte seine Zahnlücke.

»Ich hab … Besuch von Freunden«, sagte der Buntfisch und sah sich suchend um. »Die wollen dich alle gern kennenlernen und mit mir und dir meinen Geburtstag feiern!«

»So ist es!«, rief der schmale, elegante Gelbschwanz und kam aus einer Höhle. Er hielt eine blühende Blume im Maul. »Kleines Geburtstagsgeschenk«, sagte er und brachte sie dem Buntfisch.

»Das wäre aber nicht nötig gewesen«, sagte der Buntfisch, der plötzlich von allen Seiten kleine Geschenke bekam. Aus allen Höhlen und Felsnischen schwammen die Grünzacken und Gelbschwänze und Schwarzpunkte heraus und legten etwas vor ihm in den Sand.

»Das ist für dich«, sagte der Schwertfisch und zauberte ein kleines selbst gebasteltes Muschelschwert hervor.

»Und das ist von mir«, sagte der blaue Hai und ließ glitzernden Silberstaub auf den Buntfisch herabregnen …

»Da hast du deinen Staub«, flüsterte der kleine Grünzacken dem roten Feuerfisch ins Ohr und schwamm mitten ins Glitzern hinein.

Der Schnabelsteher

von Rafik Schami

Auf einem alten Walnussbaum lebten einst viele Raben. Der Baum, der früher genug Platz geboten hatte, verlor mit den Jahren seine morschen Zweige und Äste. Keiner der Raben aber dachte daran, deswegen in den nahen Wald umzuziehen, denn dort war es finster, und von keinem anderen Baum aus hatten sie eine solche Sicht wie von dem großen Walnussbaum, der einsam auf dem weiten Feld stand.

In einem der Nester lebte ein kleiner Rabe allein mit seiner Mutter. Sein Vater war einem mächtigen Adler zum Opfer gefallen, kurz nachdem der kleine Rabe aus dem Ei geschlüpft war. So musste die Mutter mit ihrem Sohn ihr Nest räumen und in eine ärmliche Behausung auf den untersten Ästen ziehen. Oft saß der kleine Rabe einsam im Nest, denn seine Mutter musste allein für ihn sorgen, und wenn ihm langweilig wurde, kletterte er aus dem Nest und hüpfte über die Zweige zu den anderen Rabenkindern. Die Nachbarn ärgerten sich darüber und verscheuchten ihn.

»Eine schlampige Rabenmutter hat dieser Bengel«, krächzten sie. Sie waren entsetzt, denn ihre Kinder wollten genau wie der kleine Rabe aus dem Nest springen und von Zweig zu Zweig hüpfen.

»Es ist noch zu früh«, mahnten die Eltern und waren erbost darüber, dass der kleine Rabe immer wieder rief: »Meine Mutter ist die beste Mutter der Welt. Sie sagt, es ist nie zu früh.«

»Scher dich zum Teufel mit deiner Mutter!«, zürnten die Nachbarn.

Ob es kalt war oder warm, der kleine Rabe spielte den ganzen Tag und wagte es, jeden neuen Tag etwas weiter zu springen. Manchmal war sein Sprung zu weit und er purzelte auf den Boden, dann rief er um Hilfe, aber die Nachbarn krächzten verächtlich: »Deine Beine haben dich hinuntergetragen, lass deine Flügel dich wieder hinauftragen!«

Der kleine Vogel musste dann warten, bis seine Mutter nach Hause kam und ihm ins Nest half.

»Gräme dich nicht! Deine Flügel werden bald stark genug sein, dann kannst du dir selbst helfen«, tröstete die Mutter und streichelte den Kopf ihres zornigen Sohnes.

Von Tag zu Tag erfand der kleine Rabe neue Spiele, und eines Tages hüpfte er kopfüber und stellte sich auf seinen Schnabel. Er streckte seine Flügel aus und schaffte es, eine Weile das Gleichgewicht zu halten.

»Bravo!«

»Toll machst du das!« Die Rabenkinder spendeten ihm herzlichen Beifall. Der kleine Rabe war außer sich vor Freude. Ein wackeres Getümmel der Kinder und entsetztes Geschrei der Eltern

überzog die Nester, als nun alle Rabenkinder sich auf ihre Schnäbel stellen wollten und ihre Behausungen zerwühlten.

»Er ist verrückt geworden. Stellt sich auf den Schnabel und verdirbt unsere Kinder. Nicht zu fassen! Nur Flausen hat er im Kopf!«, empörte sich ein kräftiger Nachbar.

»Kinder brauchen das Spiel. Was haben sie sonst von der Kindheit?«, nahm die Mutter ihren Sohn in Schutz. Viele Kinder, die den Streit mit anhörten, nickten ihr heimlich zu, und sie lächelte zurück.

Eines Tages hörte der kleine Rabe eine Großmutter im Nachbarnest ihren Enkeln zurufen: »Wenn ihr artig seid und nicht mehr auf dem Schnabel steht, erzähle ich euch ein Märchen.«

Da die Kinder Märchen über alles lieben und wissen, dass Omas ein gutes Herz und ein schlechtes Gedächtnis haben, versprachen sie hoch und heilig, nie wieder auf dem Schnabel zu stehen. Die Großmutter hüstelte kurz, und der kleine Rabe sperrte wie die drei Enkel die Ohren auf.

»Es war einmal ein Rabe, der lebte zufrieden und glücklich mit den anderen Raben zusammen. Eines Tages hörte er vom König aller Vögel, dem Pfau. Der Pfau ist der schönste Vogel auf Erden. Er kann von Sonnenaufgang bis Sonnenuntergang seine wunderschönen Federn zu einem Rad schlagen, das die Schönheit der Sonne und des Mondes übertrifft. Er bezaubert die Welt mit seiner Kunst.

Der Rabe wollte seine Freunde auch bezaubern und der König der Raben werden. Er reiste zu dem Pfau, der hinter dem finsteren Wald auf seiner königlichen Wiese lebte. Nach einer beschwerlichen Reise konnte er, verzückt wie alle Tiere, den Pfau bestaunen. Er atmete tief ein, dass seine Brust anschwoll, und reckte sich zu einem stolzen Gang. Schritt für Schritt folgte er dem Pfau.

›Du dummer Vogel!‹, rief der Pfau seinem schmächtigen Nachahmer zu. ›Ein Rabe bleibt ein Rabe, auch wenn er sich aufbläst.‹

Aber der Rabe wollte nicht auf den Rat Seiner Majestät hören. Er übte tagelang. Seine Glieder schmerzten ihn ungemein. Zu wandeln wie ein Pfau, ist für Raben nicht einfach. Nach vielen Tagen konnte der Rabe so herumstolzieren wie sein Vorbild.

Na ja, sagte er sich, ein Rad kann ich mit meinen kurzen Federn zwar nicht schlagen, aber ich kann genau wie ein Pfau mit erhobenem Haupt herumstolzieren. Er kehrte zu den Raben zurück und marschierte vor ihnen auf und ab. Doch sie lachten nur über den Raben, der immer wieder rief: ›Schaut her! Schaut her, wie schön ich gehen kann!‹

›Pass auf, dass du nicht platzt!‹, höhnten einige Vögel, und andere fragten hämisch: ›Hast du eine Melone verschluckt?‹ Dem Raben taten Brust und Rücken weh, aber am schmerzhaftesten traf ihn der Hohn seiner Freunde. Nach ein paar Tagen gab er sein pfauenhaftes Getue auf und wollte wieder wie ein Rabe gehen. Aber er hatte es verlernt. So ging er einen Schritt wie ein Rabe und den nächsten wie ein Pfau – die anderen lachten nun erst recht über ihn. Der Rabe lebte unglücklich bis ans Ende seines verpfuschten Lebens. Und so wird es jedem ergehen, der vergisst, dass ein Rabe kein Pfau werden kann«, betonte die Großmutter die Moral der Geschichte.

»Den ganzen Tag Rad schlagen?«, fragte der kleine Rabe vorlaut.

»Ja, den ganzen Tag«, antwortete die Großmutter freundlich.

»Das ist ja langweilig! Was tut der Pfau sonst noch?«, wollte der neugierige Junge wissen.

»Ja, Oma! Was tut er noch?«, riefen die Enkel.

Die Großmutter schaute den kleinen Raben missmutig an. »Was verstehst du, Schnabelsteher, vom Leben? Es ist nur Seiner Majestät möglich, ein Rad zu schlagen. Scher dich zum Teufel!«

Der kleine Rabe entfernte sich vom Nachbarnest und grübelte den ganzen Tag. Als die Mutter abends nach Hause kam, wunderte sie sich über ihren Jungen, der nicht einmal essen wollte. »Mutter! Warum schlägt der Pfau den ganzen Tag ein Rad?«

»Das ist nun mal so, mein Sohn. Er ist von Geburt an König!«

»Mutter, ich will zu dem Pfau gehen und ihn fragen, warum er das tut.«

Die Mutter bemerkte die glänzenden Augen ihres Kindes und begann zu weinen.

»Du kannst doch nicht fliegen. Die wilden Tiere werden dich fressen. Denk an deinen seligen Vater! Bleib hier und mach mich nicht unglücklich!«, bat sie und schluchzte, denn sie hatte als Kind auch das Märchen vom unglücklichen Raben gehört.

Die Tage vergingen, aber von Tag zu Tag wuchs die Unruhe des kleinen Raben. Des Nachts träumte er, dass ihm mächtige Flügel wuchsen, mit denen er über den Wald und den hohen Berg flog. Am Tage aber landete er immer wieder nach ein paar hilflosen Flügelschlägen auf dem Boden.

Eines Morgens jedoch entschloss sich der Rabe, den Pfau zu suchen. Er wartete nicht, bis seine Mutter zurückkehrte, denn immer, wenn sie weinte, fühlte er sich wie gelähmt. So hüpfte er auf das Feld, sammelte ein paar bunte Blumen und flog zum niedrigen Ast zurück. Das konnte er inzwischen gut. Er legte die Blumen als Dank für seine Mutter ins Nest, verabschiedete sich von den Nachbarn und machte sich auf den Weg.

»Armer Trottel. Das hat diese Schlampe nun davon«, hörte er die Nachbarn gehässig über seine Mutter lästern.

Da er noch nicht richtig fliegen konnte, hüpfte er ein paar Schritte, flatterte ein Stück, hüpfte wieder und ruhte sich etwas aus, um wieder eine kurze Strecke fliegen zu können. Gegen Mittag erreichte er den finsteren Wald.

»Ach! Hätte ich doch starke Flügel, ich könnte dann leicht über den Wald fliegen. Jetzt muss ich hindurch«, seufzte er und zitterte vor Angst. Nach einer Weile nahm er all seinen Mut zusammen und hüpfte in den Wald hinein.

»Ach, was sehe ich da?«, zischte plötzlich eine Schlange. Sie lag auf einer kleinen Lichtung und sonnte sich.

»Wer bist denn du?«, fragte der kleine Rabe erstaunt, denn er sah zum ersten Mal eine Schlange.

»Ich bin der Freund aller Raben. Komm, lass dich umarmen!«, säuselte die Schlange und schlürfte begierig die Spucke, die ihr im Mund zusammengelaufen war.

Der kleine Rabe fuhr vor Schreck zusammen. »Du hast aber keine

Flügel. Was hast du für spitze Dinge im Schnabel?«, fragte er misstrauisch, als er die Giftzähne der Schlange sah.

»Ach die, sie sind mein Schmuck«, beschwichtigte ihn die Schlange und kroch langsam auf ihn zu.

»Halt! Komm nicht näher! Dein Schmuck macht mir Angst. Nimm ihn ab, bevor du mich umarmst«, sagte der Rabe und trat ein paar Schritte zurück.

»Ich wollte ihn dir schenken. Trage ihn am Hals und du wirst der schönste Rabe weit und breit sein«, flüsterte die Schlange verführerisch.

»Ich will aber keinen Schmuck am Hals haben. Meine Mutter sagt immer, wir Raben sollen den Hals frei halten«, rief der kleine Rabe störrisch und eilte weiter auf seinem Weg, die Flüche der Schlange hinter sich zurücklassend.

Der Boden im Wald war mit Zweigen und morschen Stämmen bedeckt, und der Rabe hatte Mühe, all die Hindernisse zu über-

winden. Er stolperte, stand wieder auf, fluchte kräftig und ging weiter. Nach langen Stunden der Angst und Mühe erreichte er die Weiden am anderen Ende des finsteren Waldes.

Er flog in den Wipfel einer Tanne, um den weiteren Weg zu erkunden, und wunderte sich, dass er nach den Anstrengungen im Wald so leicht den höchsten Zweig der mächtigen Tanne erreichte. Die grüne Wiese war unendlich groß. In weiter Ferne sah er mehrere weiße Tauben, die im Streit lagen. Die Tauben unterbrachen ihren Streit, als sie den kleinen schwarzen Vogel sahen, schüttelten sich und lächelten verlegen. Als der Rabe sie nach dem Weg fragte, fingen sie an zu lachen.

»Da ist schon wieder so ein Rabe, der zum Pfau will!« Die Tauben gurrten belustigt.

»Ich bin die schönste aller weißen Tauben. Ich habe es nicht nötig, den Pfau zu suchen. Ich bin der Traum vom Frieden«, gurrte eine von ihnen.

»Du doch nicht!«, unterbrach eine zweite Taube sie. »Dir fehlen zwei Federn vom rechten und eine vom linken Flügel. Hier, schaut meine Schwingen an. Sind sie nicht prächtig?« Sie flatterte stolz mit ihren Flügeln. Keine Feder fehlte ihr.

»Du? Dass ich nicht lache!«, rief eine dritte mit zerfranstem Schwanz. »Du hast doch eine Glatze«, kicherte sie boshaft und zeigte verächtlich auf den mit Narben übersäten Kopf ihrer Vorrednerin.

»Du hältst den Schnabel! Du Strohbesenschwanz, du!«

Keifend begannen sie wieder, aufeinander einzuhacken. Der Rabe flog weiter; er schüttelte den Kopf und murmelte: »Der Frieden der Tauben ist Krieg.«

Nachdem der kleine Rabe seinen Hunger auf der Weide gestillt hatte, flog er in die Höhe, um nach Wasser zu suchen. Er sah einen kleinen Fluss in der Ferne. Dort angekommen, traf er einen Waschbären. Er grüßte ihn höflich und fragte nach dem Weg zum Pfau.

»Schau diesen Hügel in der Ferne! Die Wege gabeln sich dort. Du fliegst über den linken Pfad, bis du einen kleinen See erreichst. Dort auf einer Wiese lebt dieser Angeber.«

Der kleine Rabe bedankte sich bei dem hilfsbereiten Waschbären und flog davon. Nach einer kurzen Zeit erreichte er die Pfauenwiese an dem kleinen See. Ein Pfau stolzierte mit seinem prächtigen Rad umher, während Frau Pfau in ihrem bescheidenen Kleid nach Essen suchte und ihren Kindern zuredete, die gefundenen Körner aufzupicken.

Hasen, Amseln, Fasane und Spatzen schauten verzaubert auf den Pfau.

»Warum bist du so stolz?«, fragte ihn der kleine Rabe vorwitzig.

»Siehst du das denn nicht, dummes Ding? Ich kann von Sonnenaufgang bis Sonnenuntergang ein Rad schlagen.«

»Ja, und?!«, erwiderte der kleine Rabe.

»Das kann kein anderer Vogel«, antwortete der Pfau.

»Hast du keine Augen im Kopf? Sieh doch die farbige Pracht seiner Federn, so etwas hat nicht jeder, dummer Schnabel!«, zürnte die Gans.

»Ja, aber jeder Vogel ist in seinen Federn schön. Schaut, wie meine Federn im Sonnenlicht glänzen und bläulich schimmern«, antwortete der Rabe und versuchte, mit seinen Flügeln die Sonnenstrahlen aufzufangen.

»Bläulich glänzen, haha!«, lachte der Pfau laut.

»Du bist doch pechschwarz!«, rief die Gans.

»Ja, und?! Jeder Vogel ist schön, aber du langweiliger Pfau kannst nichts anderes als Rad schlagen. Kannst du kein Spiel, das die anderen auch spielen können?«, wollte der Rabe wissen.

»Ich kann alles«, antwortete der Pfau.

»Kannst du auf dem Schnabel stehen?«

»Auf dem Schnabel?«, wiederholte der Pfau verdutzt.

»Ja, auf dem Schnabel«, nickte der kleine Rabe, steckte seinen Schnabel in den Sand und mit einem Ruck reckte er seine dünnen Beine in die Luft. Mit seinen Flügeln versuchte er das Gleichgewicht zu halten.

»Irre!«, rief die Elster.

»Toll!«, klatschten die Spatzen.

»Sagenhaft!«, grunzte ein Frischling.

»Nichts leichter als das!«, sagte der Pfau eifersüchtig und versuchte es auch. Kreischend fiel er auf den Rücken und knickte drei seiner langen Federn um.

»Der Wind hat mich umgestoßen«, rief er wütend und schlug ein Rad. Beim nächsten Versuch fiel er aber wieder um und knickte zwei weitere seiner schönen langen Federn. Seine Krone war auch ganz durcheinandergeraten. Der kleine Rabe krächzte belustigt, als der Pfau wieder sein Rad schlug, denn das sah mit den geknickten Federn wirklich jämmerlich aus.

Nun hüpften viele Vögel kopfüber ins Gras und versuchten, sich auf den Schnabel zu stellen. Den Spatzen gelang es gleich, die Gans fiel flach auf den Bauch, und die Elster schimpfte laut, weil der Fasan über sie gestolpert war, als sie es beinahe geschafft hatte.

»Das ist ja Unsinn! Schaut lieber zu, wie schön ich mein Rad schlagen kann!« rief der Pfau wütend und stolzierte aufgeregt vor ihnen herum. Doch kein Vogel interessierte sich mehr für ihn, nicht einmal Frau Pfau. Sie fand das Schnabelstehspiel nämlich lustig und lachte, weil sie dauernd umfiel, und freute sich, als es ihrem jüngsten Küken gelang.

»Ja, es ist Unsinn, aber es macht mehr Spaß, als immer nur dir zuzuschauen«, rief der kleine Rabe und krächzte vergnügt, als auch er flach auf den Boden fiel, denn er hatte vergessen, dass er nicht den Schnabel aufmachen durfte, wenn er darauf stand.

»Frecher Bengel, dir werde ich Benehmen beibringen!«, rief der Pfau und rannte hinter dem kleinen Raben her, der eilig in einem

Brombeerstrauch verschwand. In seiner Wut vergaß der Pfau, dass er noch seine Federn ausgebreitet hatte, und verfing sich in den dornigen Ranken, sodass er weder vorwärts noch rückwärts konnte. Der kleine Rabe aber tauchte auf der anderen Seite wieder auf.

»Wir müssen ihm helfen«, rief er und zupfte eine lange Feder aus dem Rad. Die anderen Vögel kamen ihm lachend zu Hilfe, rupften dem Pfau die Federn und halfen ihm, rückwärts aus den Brombeerranken herauszukommen. Wütend schrie der Pfau auf und wollte ein Rad schlagen. Die Vögel lachten über seinen nackten Hintern.

»Du siehst aus wie ein Brathähnchen«, rief Frau Pfau und schloss sich dem Gelächter der anderen an.

Die Vögel aber erfanden viele lustige Spiele mit den Federn. Sie kitzelten sich gegenseitig, fächerten sich Luft zu und schmückten sich damit, als wäre Karneval. Sie warfen eine Feder in die Luft und schauten zu, wie sie sanft auf den Boden segelte.

Der kleine Rabe jedoch trug eine der bunten Federn, so schnell er konnte, nach Hause. Seine Mutter war überglücklich, ihn

heil und gesund wiederzusehen, und freute sich über das schöne Geschenk, mit dem sie stolz ihr Nest schmückte. Sie küsste ihn, streichelte lange seinen Kopf und hörte aufmerksam seiner Geschichte zu. Auch viele Rabenkinder hörten die Erzählung des tapferen Raben, hüpften aus ihren Nestern und baten ihn, ihnen den Weg zu zeigen. Als sie die Pfauenwiese erreichten, sahen sie, wie die anderen Vögel mit den Pfauenfedern spielten. Das machte ihnen so viel Spaß, dass sie an diesem Tag noch zehn anderen Pfauen die Schwanzfedern raubten und damit nach Hause zurückflogen.

Seit diesem Tag schlägt der Pfau nie mehr sein Rad von Sonnenaufgang bis Sonnenuntergang. Nur kurz entfaltet er seine Federn und kreischt dabei laut, weil er sich an diesen bösen Tag erinnert. Auch passt er höllisch auf, dass kein Rabe in der Nähe ist.

Der tapfere Toni

von Angelika Glitz

Am Sonntagmorgen grinst Papa die ganze Zeit. Und er sagt: »Toni, wir machen heute einen Männertag. Nur du und ich.«

»Spielen wir von morgens bis abends Fußball?«, fragt Toni.

»Viel besser«, sagt Papa. »Wir ziehen los, um Abenteuer zu erleben.«

»Zum Gruseln und Fürchten und so?«, fragt Toni.

»Natürlich«, sagt Papa.

»Toll«, sagt Toni und packt schnell seinen roten Fußball in den Abenteuerrucksack.

Aber als Toni sieht, was Papa alles zum Auto trägt, wird ihm ganz komisch im Bauch.

»Hoffentlich keine zu gefährlichen Abenteuer!«, sagt er.

»Wenn ich bei dir bin, kann dir nichts geschehen«, sagt Papa.

»Na toll«, denkt Toni.

Endlich parkt Papa das Auto. »Unser Berg«, ruft er. »Da wandern wir ganz hoch hinauf.«

Toni legt seinen Kopf in den Nacken. Trotzdem kann er die Bergspitze nicht sehen. Sie ist in den Wolken verschwunden. »Warum wollen wir so etwas Verrücktes tun?«, fragt er.

»Na, um das Bergungeheuer zu besuchen«, sagt Papa.

»Ist es ein liebes Bergungeheuer?«, fragt Toni.

»Klar doch«, sagt Papa.

Da wandert Toni natürlich mit. Ein liebes Bergungeheuer zum Gruseln und Fürchten hat er nämlich noch nie gesehen.

Außerdem kann er das morgen allen im Kindergarten erzählen.

»Schau, wie die Blumen blühen«, ruft Papa. »Guck, wie die Wolken ziehen.«

Toni nimmt Papas Hand. »Ja, alles sehr schön«, sagt er. »Aber wo ist das Ungeheuer?«

»Vielleicht hinter dem Stein«, schlägt Papa vor. »Oder es hat sich im hohen Gras versteckt!«

»Pöh, nix als ein paar Heuschrecken«, sagt Toni.

»Puh, ganz schön steil«, sagt Toni.

»Du schaffst das«, sagt Papa.

»Aber jetzt kann ich wirklich nicht mehr.«

»Komm, sei ein tapferer Junge«, sagt Papa schon wieder.

Dabei hat Toni es viel schwerer als Papa. Toni muss zwei Schritte gehen, wenn Papa bloß einen macht.

»Vermutlich ist das Ungeheuer verreist«, sagt Toni.

»Bergungeheuer verreisen nicht«, sagt Papa. »Bergungeheuer müssen ihren Berg bewachen.«

Papa bleibt stehen und schnuppert. »Ich glaube, ich kann es schon riechen«, sagt er. »Das Ungeheuer ist ganz in unserer Nähe.«

»Vielleicht spuckt es uns sogar gerade auf die Köpfe«, sagt Toni.

Aber es ist bloß der Regen.

Leider hat Papa die Regenjacken vergessen.

»Wir sind doch nicht aus Zucker«, sagt er.

»Vielleicht sind Bergungeheuer aus Zucker«, sagt Toni. »Vielleicht lösen sie sich bei Regen einfach – puff! – in Luft auf.«

»Komm, sei ein tapferer Junge«, sagt Papa.

Jetzt schüttet es wie aus Kübeln. Man kann kaum noch etwas erkennen. Und Toni stellt sich mit Papa am Baum unter.

Als der Regen aufhört, sagt Papa: »Ich glaube, wir müssen über die Weide hier. Komm, sei … «

»Ja, ja, ja … ein tapferer Junge. Weiß ich doch. Und außerdem gibt es gar kein Bergungeheuer, stimmt's? Das hast du nur gesagt, damit ich mit auf diesen blöden Berg gehe.«

Papa bleibt stehen und legt seine Hand ans Ohr. »Hörst du das?«, fragt er.

»Was?«, sagt
Toni.

»Pscht«, macht Papa.

Tatsächlich, da brüllt
was ...

»Muuuuuhhh!«

»Das ist ja nur eine blöde Kuh«,
sagt Toni.

»Kühe sind verzauberte Bergungeheuer«,
sagt Papa.

»Hat es deswegen kein Euter, aber dafür große Hör-
ner?«, fragt Toni.

Da wird Papas Gesicht weiß wie die Gänseblümchen auf der
Wiese. »Weg, du Vieh! Hau ab!« Er brüllt und wedelt mit den
Armen.

Aber das Ungeheuer kommt näher und stupst Papas roten Rucksack an.

Toni kichert. »Es mag deinen Rucksack.«

»Ich fürchte, es mag alles, was rot ist«, sagt Papa. »Das ist typisch
für solche Ungeheuer.«

»Toni, lauf!«, ruft er.

Im Zickzack rast er mit Toni über die Weide.

»Tatamm-tatamm«, macht das Ungeheuer und galoppiert zickzack hinterher.

»Toni, hoch!«, brüllt Papa und Toni darf auf einen sehr hohen
Baum klettern. Bald sitzt er neben Papa auf dem dicken Ast und
schaukelt mit den Beinen.

Das Ungeheuer schaut hinauf und scharrt mit den Hufen.

»Und nun«, sagt Papa, »müssen wir bloß warten, bis es von
alleine wieder verschwindet.«

44

»Ganz schön unbequem hier oben«, sagt Papa.

»Du schaffst das«, sagt Toni.

»Mein Handy hat auch keinen Empfang. Und mein Rücken tut weh.«

»Sei ein tapferer Mann«, sagt Toni.

»Aber jetzt kann ich wirklich nicht mehr«, sagt Papa.

Da holt Toni seinen roten Fußball aus dem Rucksack. Ein Glück, dass er den mitgenommen hat.

»Achtung, du Ungeheuer, guck mal, wie toll rot der ist«, sagt er.

Und er schießt den Ball mit einem super Schuss auf die Weide hinaus.

Das Ungeheuer jagt dem Ball nach und Toni ruft: »Papa, spring!«

Papa und Toni landen im Gras. Sie flitzen über die Wiese und klettern über den Zaun.

Toni strahlt. »Was für ein Abenteuer«, sagt er.

»Du bist ganz schön tapfer«, sagt Papa.

»Du aber auch«, sagt Toni. »Und zusammen sind wir die Allertapfersten.«

Zu dick und zwei linke Hände

von Otfried Preußler

Eigentlich waren alle Schulstunden beim Herrn Lehrer Klingsor schön und lustig, aber am allerlustigsten ging es beim Turnen zu. Leider gab es bloß drei Turnstunden in der Woche. Wäre es nach den Kindern gegangen, hätten es ruhig zwölf sein dürfen. Bloß dem Paulchen Knobloch waren schon drei zu viel.

Knoblochs Paulchen war einer von den kleineren Jungen in Herrn Klingsors Klasse. Er war ein bisschen dick und ein bisschen ungeschickt. Beim Wettlaufen kam er immer als Letzter ans Ziel. Beim Völkerball wurde er immer als Erster abgeschossen. Knoblochs Paulchen hing an den Ringen wie eine reife Zwetschge. An den Kletterstangen kam er kaum einen halben Meter hoch. Und beim Bockspringen machte er überhaupt nicht mit.

»Das Paulchen ist eben zu dick«, meinte der Herbert Löwit. »Zu dick und zu ungeschickt.« Und die Gerta Hoffmann sagte: »Das Paulchen hat einfach zwei linke Hände. Daran liegt das wohl.«

Der Herr Klingsor wusste es besser. In der neunten oder zehnten Turnstunde ließ er die Kinder Völkerball spielen, ging mit dem Paulchen ein wenig beiseite und meinte: »Du bist nicht besonders gut im Turnen.«

»Nein«, sagte Knoblochs Paulchen und wurde rot. »Weil ich zu dick bin. Und weil ich zwei linke Hände habe.«

»Ach Unsinn, Paulchen! Ich werde dir sagen, woran es liegt. Du bist weder zu dick noch zu ungeschickt – du bist einfach zu ängstlich und traust dir nichts zu.«

»Das wohl auch …« Knoblochs Paulchen stieß einen tiefen Seufzer aus. »Aber was lässt sich dagegen machen?«

»Vielleicht mehr, als du glaubst«, erwiderte der Herr Klingsor. »Ob wir es mal probieren?«

Er legte dem Paulchen die rechte Hand auf den Nacken und murmelte einen seiner geheimen Sprüche.

Da war es dem Paulchen, als drehte jemand an einer Schraube, ziemlich genau in der Mitte zwischen dem zweiten und dritten Nackenwirbel. Paulchen spürte, wie sich die Schraube zu lockern begann – und plötzlich kam er sich wie ein kleiner König vor.

»Na, Paulchen?«, meinte Herr Klingsor schmunzelnd. »Wie wäre es jetzt mit dem Schwebebalken …?«

War es zu fassen! Zum ersten Mal schaffte es Knoblochs Paulchen, über den Schwebebalken zu laufen, ohne herunterzufallen. Auch beim Bockspringen hatte er keine Angst mehr. Und an den Kletterstangen zog er sich so geschwind in die Höhe, dass es zum Staunen war.

»Na also!« Herr Klingsor rieb sich zufrieden die Hände. »Das hätten wir ja geschafft!«

Am Samstag war keine Turnstunde. (Man muss wissen, dass damals auch samstags Schule war – stellt euch das bitte vor!) Und am Sonntag ging der Herr Klingsor mit ein paar Freunden zum Wandern.

Am Montag früh jedoch, zehn Minuten vor dem Läuten, klopfte es an der Tür zum Lehrerzimmer. Draußen stand eine schrecklich aufgeregte Frau. Es war Paulchens Mutter.

»Ach, Herr Lehrer! Herr Lehrer!« Die arme Frau Knobloch rang verzweifelt die Hände. »Was ist bloß in unsern Jungen gefahren? Er hat den Verstand verloren, Herr Lehrer! Jawohl! Unser Paulchen hat den Verstand verloren!«

Frau Knobloch begann zu erzählen. Das Paulchen – ihr Paulchen, ein bisschen dick und ein bisschen ungeschickt: Plötzlich war er wie ausgewechselt, der reinste Kunstturner. An den Teppichstangen im Hof vollführte er die gewagtesten Schwünge und Überschläge. Am Blitzableiter war er hinaufgeklettert wie ein kleiner Affe.

»Und anschließend …« An dieser Stelle brach die arme Frau Knobloch in lautes Schluchzen aus. »Anschließend ist er auf dem Dachfirst herumgetanzt! Ungefähr so, als sei das kein Dachfirst, sondern ein Schwebebalken! Das reinste Wunder, dass er sich nicht den Hals gebrochen hat, unser armer Junge …«

»Keine Sorge, Frau Knobloch!« Herr Klingsor hätte nicht der Herr Lehrer Klingsor sein dürfen, wenn er nicht auf der Stelle gewusst hätte, was mit dem Paulchen geschehen musste. »Gehen Sie nur in aller Ruhe nach Hause, Frau Knobloch. Ihr Paulchen wird sich gewiss nicht den Hals brechen. Und auch Arme und Beine nicht. Das verspreche ich Ihnen.«

In der nächsten Turnstunde sagte der Herr Klingsor zu den Kindern der dritten Klasse: »Wollt ihr mal einen richtigen Kunstturner sehen? Dann seht euch mal unser Paulchen an!«

Und Knoblochs Paulchen führte den Kindern vor, was ein richtiger Kunstturner alles können muss: die Riesenwelle am Reck, den doppelten Salto über das Pferd, die zweifach-dreifach gezwirbelte Schere am Stufenbarren und hundert andere Kunststücke dieser Art, wie man sie sonst nur im Zirkus zu sehen bekommt.

Die Kinder staunten, das Paulchen strahlte. Und der Herr Lehrer Klingsor schmunzelte.

»Seht ihr nun, dass das Paulchen weder zwei linke Hände hat noch zu dick ist? – Komm doch mal her, Paulchen …«

Knoblochs Paulchen hatte tatsächlich überhaupt keine Angst mehr! Er kannte beim Turnen buchstäblich nicht die geringste Vorsicht – und das war es ja eigentlich nicht gerade, was der Herr Klingsor gewollt hatte. Was also tun?

Ganz einfach! Herr Klingsor legte dem Paulchen wieder die rechte Hand auf den Nacken und murmelte einen seiner geheimen Sprüche dabei, diesmal sprach er ihn aber von hinten nach vorn, etwa zehn, zwölf Wörter nur.

Da war es dem Paulchen, als würde die Schraube in seinem Nacken wieder ein wenig festgedreht.

Nicht sehr stark, bloß ein bisschen eben. Um zehn, zwölf Drehungen etwa.

»No, Paulchen?«

»Schon gut, Herr Lehrer …«

Von jetzt an, was soll ich sagen, war Knoblochs Paulchen zwar nicht mehr gerade ein richtiger Kunstturner – einer, bei dem man befürchten musste, er werde sich eines Tages den Hals brechen –, aber …

Aber, auch das muss gesagt sein: Von jetzt an war Knoblochs Paulchen im Turnen und auch beim Völkerball mindestens ebenso gut wie, beispielsweise, die Gerta Hoffmann oder der Herbert Löwit.

Und das ist eigentlich sehr viel mehr, als man jemals für möglich gehalten hätte. Findet ihr das nicht auch?

Mein bester Freund und die Gespenster

von Joachim Friedrich

Heute machen wir unseren Klassenausflug. Wir besichtigen eine Burg. Toll! Da gibt es Ritterrüstungen und einen Rittersaal, Schwerter und Lanzen. Leider können wir keine Ritter besichtigen. Die sind schon alle tot. Der Mann, der uns alles erklärt, schimpft ein bisschen. Macht aber nix. Max und ich gucken uns trotzdem alles genau an.

Max ist mein bester Freund. Max war schon mein bester Freund, als wir noch ganz klein waren. Damals gingen wir in den Kindergarten. Jetzt sind wir groß und gehen in die Schule.

Max ist Sheriff, Rennfahrer, Forscher, Cowboy und Ritter.

Dafür bin ich Detektiv, Astronaut, Indianer, Seeräuber und Geisterjäger.

Wir fahren mit dem Bus nach Hause. An der Schule holen uns Mama und Papa ab.

Sie haben Heinz-Willi mitgebracht. Als er uns sieht, bellt Heinz und Willi freut sich.

Heinz-Willi ist mein Dackel. Max hätte auch gerne einen Hund. Er kriegt aber keinen. Darum habe ich ihm eine Hälfte von Heinz-Willi geschenkt. Jetzt gehört mir die vordere und Max die hintere Hälfte. Meine Hälfte heißt Heinz und seine Hälfte heißt Willi. Genau in der Mitte haben wir einen Ring aus Leuchtfarbe gemalt. Jetzt wissen wir, wo Heinz aufhört und wo Willi anfängt.

Im Auto erzählen Max und ich von unserem Ausflug. Wir erzählen von den Ritterrüstungen und von dem Rittersaal. Wir erzählen von den Schwertern und von den Lanzen. Von dem Mann, der mit uns geschimpft hat, erzählen wir nichts.

»Habt ihr denn auch ein Burggespenst gesehen?«, fragt Papa.

»Ein Gespenst?«, rufe ich. »Gibt es auf der Burg ein Gespenst?«

»Kann schon sein«, sagt Papa.

»Und wie sieht so ein Gespenst aus?«, fragt Max.

»Gruselig«, sagt Papa. »Es trägt ein weißes Gewand. Es haust in dunklen Gewölben und ruft immer ›Huhu! Huhu!‹.«

Mama schimpft mit Papa. »Davon bekommen die Kinder nur Angst.«

»Gar nicht!«, rufen Max und ich.

Als wir nach Hause kommen, dürfen Max und ich noch in meinem Zimmer spielen.

»Ob es auf der Burg wirklich ein Gespenst gibt?«, fragt Max.

»Wenn mein Papa das sagt«, sage ich.

»Vielleicht sind hier auch Gespenster«, sagt Max.

»Hier?«, rufe ich. »Wo denn?«

»Vielleicht unter deinem Bett.«

Wir gucken unter mein Bett. Da ist aber kein Gespenst. Nur viele Spielsachen. Mama und Papa schimpfen deshalb immer mit mir. Macht aber nix.

»Mein Papa sagt, Gespenster hausen in dunklen Gewölben«, sage ich. »Mein Bett ist aber kein dunkles Gewölbe.«

»Dann suchen wir in eurem Keller!«, ruft Max. »Da ist es dunkel.«

Ich hole meine Taschenlampe. Mit drei Batterien! Darum bin ich Geisterjäger.

Im Keller ist es dunkel und unheimlich. Zum Glück haben wir meine Taschenlampe. Ich habe trotzdem Angst. Aber nur ein bisschen. Wir sehen überall nach. Leider finden wir kein Gespenst. Nur Marmeladengläser und mein kaputtes Dreirad.

»Vielleicht gibt es ja doch keine Gespenster«, sage ich.

»Wir fragen morgen Frau Meise!«, ruft Max.

Das ist eine gute Idee. Frau Meise ist unsere Lehrerin. Sie ist die tollste Lehrerin der Welt.

Sie weiß alles!

Vor dem Schlafengehen liest Mama mir noch eine Geschichte vor. Dann macht sie das Licht aus. Es ist sehr dunkel in meinem Zimmer, wie in einem Gewölbe. Ich habe ein bisschen Angst und kann nicht schlafen. Ich gucke mit meiner Taschenlampe unter mein Bett. Da

liegen immer noch viele Spielsachen. Darum kann ich nicht sehen, ob da auch ein Gespenst ist.

Ich gehe zu Mama und Papa.

»Darf ich in eurem Bett schlafen?«, frage ich. »Ich habe Angst.«

Mama schimpft ein bisschen mit Papa. »Das kommt davon, wenn man den Kindern von Gespenstern erzählt«, sagt sie.

Dann darf ich aber trotzdem in ihrem Bett schlafen. Meine Taschenlampe nehme ich mit.

»Sollen wir heute wieder Gespenster suchen?«, fragt Max vor der Schule.

»Lieber nicht«, sage ich. »Gestern konnte ich nicht einschlafen. Ich hatte Angst, dass unter meinem Bett ein Gespenst ist.«

»Glaubst du etwa an Gespenster?«, ruft Evi.

»So ein Angsthase!«, ruft Sarah.

Sie haben uns belauscht! Evi und Sarah sind in unserer Klasse. Sie ärgern Max und mich immer.

»Ihr seid doof!«, rufen Max und ich.

»Gibt es Gespenster?«, frage ich Frau Meise in der Klasse.

»Moritz glaubt an Gespenster! Er hat sogar Angst vor ihnen!«, rufen Sarah und Evi.

»Viele Menschen haben Angst vor Gespenstern«, sagt Frau Meise. »Es gibt sogar Leute, die vor Schreck tot umgefallen sind. Sie dachten, sie hätten ein Gespenst gesehen.«

»Boooh!«, rufen wir alle.

»Gibt es Gespenster nur auf einer Burg?«, fragt Max.

»Viele Menschen glauben, dass Gespenster Verstorbene sind, die keine Ruhe finden«, erzählt Frau Meise. »Und die könnte es ja überall geben.«

Am Nachmittag spielen Max und ich in unserem Garten. Ich habe meine Taschenlampe dabei. Aber keine Batterie mehr drin. Macht aber nix. Ich bin trotzdem Geisterjäger.

»Ich finde Evi und Sarah gemein«, sagt Max. »Die haben uns belauscht.«

»Bestimmt haben die auch Angst vor Gespenstern«, sage ich.

»Sollen wir sie erschrecken?«, fragt Max.

Das ist eine gute Idee!

»Dann müssen wir uns aber als Gespenster verkleiden!«, rufe ich.

»Dein Papa sagt, die haben weiße Gewänder an!«, ruft Max.

»Wir suchen in der Kleiderkiste«, sage ich. »Da sind alte Sachen drin. Bestimmt finden wir da auch weiße Gewänder.«

Die Kleiderkiste steht auf unserem Dachboden. Da ist es auch dunkel. Aber nur ein bisschen unheimlich. Max und ich müssen lange suchen. Aber dann finden wir weiße Bettlaken. Wir schneiden zwei Löcher in die Bettlaken.

»Jetzt sind es Gespenster!«, ruft Max.

»Jetzt können wir Evi und Sarah erschrecken!«, rufe ich.

Heinz bellt und Willi freut sich.

Max und ich ziehen unsere Gespenster an. Heinz-Willi soll auch ein Gespenst anziehen. Er will aber nicht. Heinz winselt und Willi hat Angst.

Evi und Sarah spielen in Sarahs Garten. Max und ich schleichen uns an. Das kann ich gut, weil ich auch Indianer bin. Max ist nur Cowboy. Er kann aber auch gut schleichen.

»Huhu! Huhu!«, rufen Max und ich, so laut wir können.

»Iiiih!«, kreischen Evi und Sarah.

»Da ist Heinz-Willi!«, ruft Evi.

»Das sind Max und Moritz!« Evi und Sarah reißen uns die Gespenster herunter und rennen weg.

»Gebt unsere Gespenster wieder her!«, rufe ich.

»Das ist gemein!«, ruft Max.

Leider können Evi und Sarah schnell rennen. Wir holen sie erst in unserem Garten ein. Max und ich wollen unsere Gespenster wiederhaben.

Evi und Sarah geben sie uns aber nicht.

Evi kämpft mit mir.

Max kämpft mit Sarah.

Dabei schreien wir ganz laut.

Heinz bellt und Willi freut sich.

Dann kommt Frau Kleinlich. Frau Kleinlich ist unsere Nachbarin. Sie schimpft immer mit uns.

»Jetzt habe ich aber genug!«, ruft sie. »So ein Lärm! Finde ich denn niemals Ruhe vor euch?«

Dann läuft sie die Kellertreppe hinunter. Peng! Die Tür ist zu.

»Hast du das gehört?«, frage ich Max.

»Ja«, sagt Max.

»Frau Kleinlich findet keine Ruhe!«

»Ob Frau Kleinlich ein Gespenst ist?«, fragt Max.

»Sie ist in ihr dunkles Gewölbe gegangen«, sage ich.

»Ihr spinnt ja!«, ruft Evi.

»Frau Meise sagt, Gespenster finden keine Ruhe!«, rufe ich.

»Aber sie hat kein weißes Gewand an«, sagt Max. »Gespenster tragen doch weiße Gewänder.«

»Das trägt sie in ihrem dunklen Gewölbe«, sage ich.

»Seht doch nach!«, ruft Sarah.

»Bestimmt haben sie wieder Angst«, sagt Evi.

»Gar nicht!«, rufe ich.

»Wir sehen nach!«, ruft Max.

Max und ich ziehen unsere Gespenster wieder an. Dann schleichen wir Frau Kleinlichs Kellertreppe hinunter. Evi und Sarah warten auf uns.

Ich habe doch ein bisschen Angst.

»Gut, dass Heinz-Willi mitkommt«, sagt Max.

»Dem können Gespenster nichts anhaben«, sage ich.

»Unverwundbar«, sagt Max.

Im dunklen Gewölbe von Frau Kleinlich ist es sehr unheimlich. Überall sind Spinnweben. Leider habe ich immer noch keine Batterien in meiner Taschenlampe.

Plötzlich steht Frau Kleinlich vor uns.

»Aaaah!«, ruft sie und fällt um.

»Warum ist sie umgefallen?«, fragt Max.

»Manche Leute fallen tot um, wenn sie ein Gespenst sehen«, sage ich. »Das hat Frau Meise gesagt.«

Da bekommen Max und ich ganz schön Angst.

Wir rennen aus dem dunklen Gewölbe.

Wir rennen die Kellertreppe hinauf.

Wir rennen an Evi und Sarah vorbei.

Wir rennen durch den Garten.

Wir rennen zu Mama und Papa.

»Mama!«, rufe ich laut.

»Papa!«, rufe ich noch lauter.

»Frau Kleinlich ist umgefallen!«, ruft Max.

Mama und Papa kommen mit ins dunkle Gewölbe. Evi und Sarah kommen auch mit. Papa holt Wasser. Das schüttet er Frau Kleinlich ins Gesicht. Zum Glück lebt sie noch.

Leider wird sie ein bisschen nass.

»Wo bin ich?«, fragt Frau Kleinlich.

»Die Kinder haben Sie gefunden«, sagt Papa.

»Ich habe mich so erschreckt«, sagt Frau Kleinlich. »Waren das die Kinder?«

»Das glaube ich nicht«, sagt Mama. »Sie haben im Garten gespielt.«

Mama guckt mich ein bisschen böse an. Papa leider auch. Zum Glück verraten uns Evi und Sarah nicht.

Ich soll mein Zimmer aufräumen.

»Eine kleine Strafe muss sein«, sagt Papa.

Macht aber nix. Max hilft mit. Wir räumen auch unter meinem Bett auf. Leider ohne Taschenlampe. Ich habe immer noch keine Batterien. Da sehen wir ein Gespenst!

Ich schreie ganz laut.

Max schreit noch lauter.

Papa bringt uns neue Batterien. Wir sehen unter dem Bett nach. Da ist aber kein Gespenst, nur Heinz-Willi. Heinz winselt und Willi hat Angst.

»Wenn das so weitergeht, bin ich auch bald ein Gespenst«, sagt Papa.

Leider verstehen Max und ich nicht, wie er das gemeint hat. Macht aber nix.

Der Leuchtturm-
wärter und der Drache

von Isabel Abedi

Im Verlies eines Inselkönigs hauste einst ein fürchterlicher Drache. Sein geschuppter Panzer war härter als Stahl, sein Körper war größer als ein Haus, und sein Schwanz war länger als ein D-Zug. Und Augen hatte die Bestie – auweia! Sie leuchteten in der Nacht wie Tausend-Watt-Glühbirnen. Erspähten sie Mann oder Maus, dann war es aus! Das glaubten jedenfalls die Inselbewohner. Deshalb hatten die Ritter des Königs den Drachen im Schlaf überwältigt und ihn mit einer Eisenkette im königlichen Verlies angekettet.

Bosse, der kleine Leuchtturmwärter, hörte den Drachen manchmal fauchen oder schnarchen. Muss ganz schön einsam sein, so allein, dachte Bosse dann, wenn er oben auf seinem Leuchtturm saß und den fernen Schiffen ihren Weg in den Hafen leuchtete.

Eines Nachts wurde das Schiff des Königs auf der Insel erwartet. Er war mit seiner Gefolgschaft auf Reisen gewesen und kehrte nach vielen Monaten zurück. Die Inselbewohner schmückten die Straßen, putzten ihre Häuser und backten Kuchen, um ihren König würdig zu empfangen.

Als Bosse auf den Leuchtturm stieg, war er mächtig aufgeregt. Schließlich leuchtet man nicht alle Tage seinem König den Weg. Aber genau in dieser Nacht tobte ein furchtbarer Sturm, und das Licht im Leuchtturm erlosch. So sehr Bosse sich auch bemühte, er konnte es nicht wieder zum Leben erwecken.

Der kleine Leuchtturmwärter starrte in die Dunkelheit und grübelte, bis ihm der Kopf brummte. Und dann ging ihm plötzlich ein Licht auf. Er stieg von seinem Leuchtturm herab und rannte durch die Dunkelheit, bis in das Verlies des Inselkönigs.

Da lag der Drache und war noch größer, als Bosse ihn sich vorgestellt hatte. Seine Augen waren geschlossen, und aus seinen Nasenlöchern kamen schwarze Rauchwolken. Um seinen Hals hing die Kette. Eine ungeheuer große Kette mit einem ungeheuer gro-

ßen Schloss. Der Schlüssel hing an einem Band an der Wand – gerade so weit von dem Drachen entfernt, dass er nicht herankam.

Eigentlich eine Gemeinheit, dachte Bosse. Er holte tief Luft und kitzelte den Drachen an der Nase. Einmal, zweimal, dreimal.

»Haaat-schiii«, machte der Drache und klappte das linke Auge auf. Es war groß wie ein Mühlrad und so hell, dass Bosse ganz geblendet war.

»Du Wurrrrrm«, dröhnte der Drache, als er den kleinen Leuchtturmwärter erblickte. »Was willst du von mirrrrrrr!«

»Deine Hilfe«, sagte Bosse. »Das Schiff des Königs wird erwartet, aber der Leuchtturm ist dunkel, und draußen tobt ein Sturm. Deshalb werde ich dich befreien – und du leihst mir dafür dein Augenlicht.«

Da klappte der Drache auch sein zweites Auge auf. »Und woherrr willst du wissen, dass ich dich nicht frrrrrrresse?«

Bosse zuckte mit den Schultern. »Ich muss mich halt auf dich verlassen.«

Mit so viel Mut hatte der Drache nicht gerechnet. Außerdem war er Vegetarier und mochte kein Fleisch. Also ließ er sich von Bosse befreien und stapfte hinter ihm her zum Leuchtturm. Er schwang sich auf die Spitze und sah mit großen Augen auf das Meer. Bis zum Horizont strahlte sein Augenlicht, und das Königsschiff landete sicher im heimatlichen Hafen.

Als der König erfuhr, wer ihm den Weg geleuchtet hatte, ernannte er Bosse zum Ehrenbürger.

Der Drache sollte sein königlicher Leuchtständer werden. Aber dazu hatte der Drache keine Lust. Er erhob sich in die Lüfte und flog über das Meer davon.

Nur in manchen Nächten, wenn auf der Insel alle schliefen, stattete der Drache Bosse einen Besuch ab und erzählte ihm Geschichten aus der großen weiten Welt.

Urmel und die Schweinefee

von Max Kruse

Wunderschön war Titiwu! Hier forschte Professor Habakuk Tibatong. Hier bügelte ihm Wutz seine Hemden. Hier wollten Wawa und Ping Pinguin wissen, ob Flöhe wirklich husten können. Hier hielt Tim Tintenklecks die Angel ins Meer und hoffte, dass kein Fisch anbiss. Und hier schleckte das Urmel Kokosnusseis. Viel zu viel Kokosnusseis.

»Ach«, maunzte das Urmel. »Natürlich können Flöhe husten! Ich spür's ganz doll in meinem Bauch! O weh!«

»Nicht doch, du Dummerle, öff«, grunzte Wutz. »Das ist nur eine Redensart! Du hast Bauchweh, weil du zu viel Eis gegessen hast. Warte! Ich bringe dir eine Wärmflasche …«

»Bäh! Mir ist schon heiß genug!«

»Gut, dann kriegst du Kamillentee. Es gibt sowieso nichts Besseres gegen Bauchweh, öff! Gleich fühlst du dich wieder wohl!«

»Nein! Keinen Kamillentee! Erzähl mir lieber eine Geschichte!«

»Na schön, du Urmelquälgeist, also eine Geschichte vom Kamillentee, öff!«

»Nein, eine Geschichte von der Schweinefee!«

»Von der Schweinefee? – Hm. Vielleicht: Die Schweinefee und der Ritter, öff …?«

»Ja, und der Ritter bin ich! Haha!«

»Meinetwegen! Also: Es war einmal ein Ritter …«

»Es war einmal ein Ritter Urmel …«

»… ein Ritter Urmel von der lustigen Gestalt. Der wollte eine Urmelprinzessin befreien. Die Urmelprinzessin wurde in einem weißen Schloss gefangen gehalten. Das hieß Schloss Urmelstein. Um dorthin zu kommen, musste der Urmelritter einen finsteren Wald von Kokosnussbäumen durchqueren. Das aber wollte ein Ungeheuer verhindern. ›Wage es nicht, den Wald zu betreten, Urmelritter!‹, grölte das Ungeheuer. ›Sonst wird es dir schlecht ergehen!‹

›Ich fürchte mich nicht!‹, brüllte der Urmelritter zurück. ›Du wirst gleich erfahren, dass es nichts Größeres, Stärkeres, Tapfereres, Tolleres als mich Urmelritter gibt!‹

›Hoho!‹, schallte es aus dem Wald. Und: Bums! Patsch!! Peng!!!, prasselten eisenharte Kokosnusskugeln auf den Urmelritter hernieder. Und damit nicht genug! Tapp! Schnauf! Tapp! Schnauf! Tapp! Schnauf!, tappte und schnaufte es näher und näher!

Oje! Schon streckte das Kokosnusswald-Ungeheuer seine Arme nach dem Urmelritter aus! Seine dicken, schweren Hände, diese Pratzen, kamen ganz nah! Gleich schnappten sie zu!

Da war der Urmelritter in großer Not! Nun konnte nur noch die Schweinefee helfen! Wie gut, dass der Urmelritter ein so gutes Gedächtnis hatte. Er erinnerte sich und rief laut:

›O Schweinefee, du holde,
erschein in deinem Golde,
komm schnell aus deinem Schilfe
und schenk mir deine Hilfe!‹

Schon erschien die Schweinefee. Sie war schön und mächtig! Sie fragte mit ihrer lieblichen Stimme: ›Wer ruft nach mir, öff, öff? Was willst du, töff, töff? O rede, blöff, blöff! Ich helf dir, knöff, knöff!‹

Peng! Eine Kokosnuss knallte gegen den goldenen Schild der Schweinefee. Der Urmelritter duckte sich hinter ihren prächtigen Körper.

Doch die Schweinefee schwenkte ihren Zauberstab und schon schwebte ein Topf mit tausendmal aufgekochtem und tausendmal abgekühltem Kamillentee heran. ›Trinke das‹, befahl sie dem Urmelritter. ›So wirst du stark wie drei Bären und unüberwindlich wie fünf Nashörner! Öff!‹

Der Urmelritter war klug. Er trank den Kamillentee. Und oohhh, war der gut! Sofort durchströmten ihn ungeahnte Kräfte. Er hob eine Kokosnuss vom Boden auf und schleuderte sie gegen das Ungeheuer. Peng! Der Schuss traf! Das Ungeheuer wankte und ergriff die Flucht. Es ward nie mehr gesehen. Da tanzten der Urmelritter und die Schweinefee miteinander und sangen:

›O Schweinefee, du holde,
du kamst in deinem Golde,
öff, öff, aus dichtem Schilfe
und brachtest deine Hilfe!‹«

»Hurra! Hurra!«, rief der Urmelritter von der lustigen Gestalt. »Ich habe gesiegt und die Geschichte ist aus! Weil es nämlich gar keine Urmelprinzessin gibt! Und deshalb auch gar keine befreit werden muss! Denn ich bin das allereinzigste Urmel auf der ganzen Welt.«

»Da hast du recht, mein Liebling! Öfföff.«

»Und außerdem bin ich jetzt wieder gesund und will Eis haben!«

»Nichts da! Öfföff! Jetzt trinkst du deinen Kamillentee!«

»Nee, mag ich nicht. Kamillentee macht dumm!«

Doch genau in diesem Moment hörten sie den Professor aus dem Blockhaus rufen: »Wu-hutz! Wo bist du? Bitte bring mir frischen Kamillentee! Nichts hilft mir so gut beim Denken!«

»Siehst du, öfföff!«, grunzte Wutz dem Urmel zu.

»Na, meinetwegen!«, antwortete das Urmel. »So klug wie der Professor will ich auch werden!«

Als die Sonne unterging, saßen alle am Strand und schauten auf das Meer.

Dort sang Seele-Fant das traurige Lied vom Männlein, das im Walde stand: »... ganz stöll ond stomm!«

Und – es ist nicht gelogen – das Meer sah aus wie Kamillentee mit einem Klecks Aprikosenmarmelade darauf. So wunderschön war Titiwu.

Piccolino zeigt's den Großen

von Petra Probst

Endlich Frühling! Piccolino, der kleine Hase, tollte ausgelassen über die Wiese am Fluss. Vergnügt hüpfte er hierhin und dorthin, zupfte hier ein Blättchen und dort ein Hälmchen, schnupperte am süßen Klee und naschte vom leckeren Löwenzahn.

Doch was war das?

Plötzlich zitterte und bebte die Erde.

Ein riesengroßer Elefant trampelte auf Piccolino zu und baute sich drohend vor ihm auf.

»He, du Zwerg!«, posaunte er, schnappte sich Piccolino und schaute ihn böse an. »Auf meiner Wiese hat so ein Winzling wie du nichts verloren!«

Piccolino war kein Angsthase, aber der Elefant war wirklich sehr groß. »Mit dem lege ich mich lieber nicht an!«, dachte er. »Dann gehe ich eben woanders hin.«

Und als Piccolino am Fluss ankam, hatte er seinen Ärger fast vergessen. Doch kaum kaute er am ersten Grashalm, streckte ein dickes, großes Nilpferd seinen Kopf aus dem Wasser und schnaubte:

»He, du Zwerg! An meinem Fluss hat so ein Winzling wie du nichts verloren!«

So eine Gemeinheit! Und jetzt hatte Piccolino keine Angst mehr. Er war nur noch wütend. »Du bist ein ganz blödes, fettes Nilpferd«, dachte er. »Und der Elefant ist ein ganz blödes, eingebildetes Trampeltier. Euch werde ich es zeigen!« Und dann hoppelte er davon.

Nach einer Weile kam Piccolino mit einem langen Seil zurück. Er hüpfte zum Elefanten und rief zu ihm hinauf: »Wetten, dass ich genauso stark bin wie du? Wollen wir unsere Kräfte beim Tauziehen messen?«

»Hohoho! Das ist lustig!«, höhnte der Elefant, warf sich vor Lachen auf den Rücken und strampelte mit den Beinen in der Luft. »Den Spaß lasse ich mir nicht entgehen«, sagte er und packte das eine Seilende mit dem Rüssel.

Piccolino nahm das andere Seilende und sprang fix …

… zum Nilpferd.

»Wetten, dass ich genauso stark bin wie du?«, fragte er das Nilpferd. »Wollen wir unsere Kräfte beim Tauziehen messen?«

»Hohoho! Das ist lustig!«, höhnte das Nilpferd, warf sich vor Lachen auf den Rücken und strampelte mit den Beinen in der Luft. »Den Spaß lasse ich mir nicht entgehen!«, sagte es und packte das Seilende.

»Wenn ich pfeife, kann's losgehen!«, rief Piccolino fröhlich.

Er versteckte sich im Gebüsch, wo ihn weder der Elefant noch das Nilpferd sehen konnten. Dann rief er: »Achtung – fertig – los! Ziehen!«, und pfiff in seine Trillerpfeife.

Der Elefant zog … und zoog … und zooog.

Und das Nilpferd zog … und zoog … und zooog.

Sie stemmten ihre Beine in den Boden und zogen, was das Zeug hielt. Sie stampften und schwitzten und schnaubten, aber keiner rührte sich vom Fleck, nicht einen Millimeter. Völlig erschöpft ließen beide gleichzeitig das Seil los, plumpsten zu Boden und japsten nach Luft.

»Und?«, fragte Piccolino das Nilpferd. »Bin ich genauso stark wie du?« Das Nilpferd schämte sich und gab keine Antwort.

»Und?«, fragte Piccolino den Elefanten. »Bin ich genauso stark wie du?« Auch der Elefant schämte sich und gab keine Antwort.

Piccolino, der kleine Hase, tollte ausgelassen über die Wiese am Fluss. Vergnügt hüpfte er hierhin und dorthin, zupfte hier ein Blättchen und dort ein Hälmchen, schnupperte am süßen Klee und naschte vom leckeren Löwenzahn.

Kai kann's

von Edith Schreiber-Wicke

Es war schon ein ziemliches Drama. Immer wenn Kai schnell irgendwohin laufen wollte, passierte es. Da wuchs aus der ebenen Straße plötzlich boshaft ein Pflasterstein. Manchmal war es auch eine Stufe. Klar, dass Kai stolperte. Und wieder war ein Knie zerschrammt, ein T-Shirt schmutzig, ein Hosenbein zerrissen. Kai weinte. Kais Mutter tröstete. Aber sie sagte auch: »Kannst du denn nicht aufpassen?«

Oder beim Frühstück. Kai wollte nach der Marmelade greifen. Da sprang blitzschnell die Katzentasse mit dem Kakao dazwischen. Klar, dass der Kakao danach verschüttet war. Und die Marmelade auf dem Boden. Niemand kann ein Glas festhalten, wenn Katzentassen springen. Kais Mutter sagte ziemlich laut: »Kannst du denn nicht aufpassen?«

Oder beim Anziehen. Kaum wollte Kai seine Jacke anziehen, da versteckten sich die Ärmel irgendwo tief im Inneren der Jacke. Die Knöpfe waren plötzlich viel zu groß für die Knopflöcher. Und saßen überhaupt an der falschen Stelle. Niemand kann eine Jacke anziehen, wenn die Ärmel nicht da sind und die Knöpfe verrückt spielen. Kais Mutter sagte verärgert: »Andere Kinder in deinem Alter können das längst!«

Der Winter brachte noch zusätzliche Schwierigkeiten mit sich. Wegen der Kälte. Man braucht Unterzeug, Strumpfhosen, Jeans, eine Überhose gegen die Nässe, einen Pullover, einen Anorak, einen Schal, Fäustlinge, eine Mütze, Fellstiefel. Irgendwann waren dann die Ärmel an ihrem Platz, der kaputte Reißverschluss repariert, die

Stiefel am jeweils richtigen Fuß, das abgerissene Schuhband geknüpft. Und dann sagte Kai mit schöner Regelmäßigkeit: »Ich muss mal.« Kais Mutter knirschte mit den Zähnen und sagte nichts. Aber Kai wusste, was sie nicht sagte.

Oder die Sache mit den Büchern. Kai liebte Bilderbücher. Mehr als alle anderen Spielsachen. Kai bestand darauf, selbst umzublättern. Ganz vorsichtig natürlich. Aber plötzlich – mitten in der Geschichte – wollte das Buch weghüpfen. Kai musste es natürlich festhalten. Und wieder war ein Riss in der Seite. Kais Mutter sagte zu Kais Vater: »Das Kind nervt. Wie kann ein einziges Kind so ungeschickt sein?«

Kai saß in seinem Zimmer und befühlte die Beule an seiner Stirn. Die Tischkante hatte sich ihm ganz gemein in den Weg gestellt. Da sprang eine große graue Katze neben ihn aufs Bett. Das wäre an sich nichts Besonderes. Für jemanden, der eine große graue Katze hat. Aber Kai hatte keine große graue Katze. Er hatte gar keine Katze. Er hatte ein Problem.

»Hast du ein Problem?«, fragte die große graue Katze.

»Und ob«, sagte Kai. »Ich bin total ungeschickt. Ich kann nicht aufpassen. Das nervt. Sagt meine Mutter. Außerdem tut es weh.«

»Alle Menschen sind ungeschickt«, sagte die große graue Katze. »Das liegt daran, dass sie keine Katzen sind.«

»Aber andere Kinder sind geschickter als ich«, sagte Kai. »Und die sind auch keine Katzen.«

»Andere Kinder sind andere Kinder«, sagte die große graue Katze. »Und du bist du. Denk dir einfach: ›Kai kann's.‹«

»Das soll helfen?«, fragte Kai und stolperte über einen Hausschuh, der sich heimtückisch quergestellt hatte. Manche Hausschuhe neigen zur Bosheit. Besonders die kleinkarierten.

»Siehst du, was ich meine«, sagte Kai. Aber die große graue Katze war verschwunden.

Auf dem Spielplatz wartete Sarah schon auf Kai. Sie war wütend. »Weißt du, was Gregor zu mir gesagt hat?«, fragte sie Kai.

Kai wusste es nicht.

Aber Sarah sagte es ihm. »Mädchen sind blöd!« Das war's, was Gregor behauptet hatte. Eben kam Gregor die Rutsche herunter.

»Minderhirniger Siebendümmling!«, sagte Kai zu ihm.

»Minderhirniger Siebendümmling«, wiederholte Sarah bewundernd. »Das ist toll. Wäre mir nie eingefallen.«

»Du bist ziemlich geschickt im Wörterwerfen«, sagte die große graue Katze. Die saß nämlich ganz plötzlich auf dem Klettergerüst.

Und dann, drüben bei der Schaukel, wäre jemand fast auf eine Raupe getreten. Aber Kai sah die Raupe rechtzeitig. Er ließ sie auf ein Blatt klettern und setzte sie im Park auf einem Strauch ab.

»Du bist aber ziemlich geschickt im Raupenretten«, sagte die große graue Katze. Sie saß jetzt auf dem Baum nebenan.

Als Kai mit seiner Mutter nach Hause kam, saß die große graue Katze vor der Terrassentür. Vielleicht ist es ja eine Zauberkatze, dachte Kai. Die sind bekanntlich nicht hungrig. Aber wenn es keine Zauberkatze ist, dann ist es bestimmt eine hungrige Katze. Kai zerbröckelte den Käse aus seiner Semmel und stellte ihn auf einem kleinen Teller vor die Tür. Vielleicht auch eine Schale Wasser?, dachte Kai.

»Du bist aber ziemlich geschickt im Katzenkennen«, sagte die große graue Katze. Sie begann genussvoll an einem Käsestück zu kauen.

An diesem Abend sprang die Katzentasse nicht.

Und das Bilderbuch hielt still.

Und die Überschwemmung im Badezimmer war so niedrig wie nie.

Nur der Schlafanzug bekam einen Riss ab, weil ihn die Türklinke festhalten wollte. Es war aber nur ein ganz kleiner Riss.

Ich bin geschickt im Wörterwerfen, im Raupenretten, im Katzenkennen. Das ist doch was, dachte Kai. Das ist sogar eine ganze Menge.

Auch die kleinkarierten Hausschuhe hatten begriffen. Sie machten ganz bescheiden Platz, als Kai ins Bett kletterte.

»Na bitte, geht ja«, murmelte er.

Tamino Pinguin

von Christian Berg

1. KAPITEL, IN DEM TAMINO PINGUIN ETWAS VON DER LIEBE ERFÄHRT

Tamino Pinguin lebte, wie es sich für einen anständigen Pinguin gehört, mit seiner Familie am Südpol, ging in die dritte Pinguinklasse und war auch sonst ganz schön klasse!

Seine Lehrerin Frau Robbe meinte, dass er der bestangezogene Schüler der Südpolischen Gesamtschule sei, weil er jeden Tag einen frischen Frack trug.

In der Schule war er auch sehr gut. Schon in der ersten Klasse konnte Tamino einen Hering von einer Makrele nur am Geschmack unterscheiden. Er konnte unter Eisschollen durchtauchen und sogar schneller schwimmen als Frau Robbe. Sogar noch schneller als Atze, sein bester Pinguinkumpel, mit dem er seit der ersten Klasse in einer Bank saß und mit dem er in der Pingball-Mannschaft spielte.

In der zweiten Klasse konnte er schon rückwärts das Einmalsieben aufsagen und dabei fünfzig Meter Brustkraulen – vorwärts!

In der dritten konnte er tauchen, ohne die Augen zu schließen, und war der Schnellste, wenn es darum ging, vor einem gefährlichen See-Elefanten wegzuwatscheln, -zutauchen oder -zuschwimmen.

See-Elefanten waren die natürlichen Feinde aller Pinguine, weil Pinguine ganz oben auf dem Speiseplan dieser großen und gefräßigen südpolischen Mitbewohner standen.

Und dann gab es noch Großfüßler! Jene Wesen, die in Schalen schwimmend über das Eismeer kamen und die Pinguine wegfingen. Viel mehr wusste man über die Großfüßler nicht. Denn niemals war ein entführter Pinguin zurückgekehrt, sodass er den anderen etwas über sie hätte berichten können.

Eines Tages hörte Tamino im Unterricht die traurige Geschichte von Pingzessin Nanuma, der Tochter des großen Kaiserpinguins:

Nanuma war vor einigen Jahren von Großfüßlern entführt worden. Und auch sie war nie wieder in die südpolische Heimat zurückgekommen. Ihr Vater, der große Kaiserpinguin, war darüber so traurig, dass er seither kein Wort mehr gesprochen hatte. Den ganzen Tag aß er nur kiloweise Krill und sein Volk regierte er nicht mehr. Deshalb ging es bei den Kaiserpinguinen zu wie auf einem Schiff, wo der Kapitän seit Jahren seekrank in seiner Kajüte liegt und niemand das Ruder übernimmt. Alle waren zerstritten. Keiner kümmerte sich mehr um den anderen und es herrschte ein heilloses Durcheinander. Die Lage war hoffnungslos. Alle wussten ja, dass sich nur dann etwas ändern konnte, wenn ihre Pingzessin heimkehrte oder sonst ein Wunder geschah. Und weil die Kaiserpinguine so traurig über ihren traurigen König waren, versammelten sie sich jeden Montag nach dem Abendbrot auf dem Kaiserpinguinsberg zum großen Heulen. Das Heulen war so herzzerreißend, dass man es nie mehr vergessen konnte, wenn man es einmal gehört hatte.

Auch Tamino, Atze und die anderen Südpolkinder hatten es schon sehr oft gehört. Nur dachten sie immer, dass es sich bei diesem Heulen um einen fürchterlichen Sturm handelte. Deshalb hieß es bei den Pinguinkindern auch der große Montagssturm.

Als die Schule aus war, dachte Tamino auf dem Heimweg lange über Nanuma, den König und das Volk der Kaiserpinguine nach. Er wollte helfen. Aber was konnte ein kleiner Pinguin schon ausrichten, wenn nicht einmal die Großen etwas erreichten? Da wurde Tamino traurig. Denn er stellte sich vor, wie er sich fühlen würde, wenn er einfach eingefangen würde und nicht mehr bei seinen Eltern sein könnte.

Nun wusste er nicht weiter. Tamino ließ den Schnabel hängen.

Plötzlich überfiel ihn eine ungeheure Trauer. Er setzte sich auf einen Eishügel am Eismeer und weinte so dicke Pinguintränen, dass er damit den Schnee unter seinen Füßen zum Schmelzen brachte.

Der geschmolzene Schnee floss geradewegs ins Eismeer und muss wohl den Ozean ein bisschen versalzen haben. Denn plötzlich erhob sich ein riesiger Buckelwal aus den Fluten und schimpfte: »Musst du mir mein Bad so versalzen, kleiner Pinguin?«

Tamino erschrak so sehr, dass er auf der Stelle zu weinen aufhörte und den Wal mit großen Augen anstarrte.

»Schau mich nicht so an, Pinguinchen«, schnaubte der Wal. »Sag mir lieber, warum du hier sitzt und das Meer noch salziger machst, als es ohnehin schon ist!«

Tamino räusperte sich. Um seine tränenerstickte Stimme wieder zum Sprechen zu bringen, flüsterte er schließlich: »Weil ich traurig bin!«

Der Wal lag jetzt ruhig auf dem Wasser und bewegte nur ab und an seine riesige Schwanzflosse, um nicht abgetrieben zu werden. »Kann ich dir vielleicht helfen, Kleiner?«, fragte

er, nachdem er eine ganze Weile nachgedacht hatte. »Denn wenn ich es nicht tue, dann heulst du weiter und ich schwimme bald in einer Bouillon herum!«

Langsam kehrte Taminos Stimme zurück und er antwortete: »Ich habe heute die Geschichte von Pingzessin Nanuma, der Tochter des Königs der Kaiserpinguine, gehört. Das hat mich sehr traurig gemacht, weil ihr bisher niemand helfen konnte. Noch trauriger wurde ich aber, als ich feststellte, dass auch ich ihr nicht helfen kann!«

»Und woher weißt du das so genau?«, prustete der Wal und blies dabei eine große Wasserfontäne in die Luft.

»Weil ich nur ein kleiner Pinguin bin. Was sollte ich schon gegen die Großfüßler ausrichten! Und wie könnte ich den weiten Weg schaffen! Außerdem weiß ich doch gar nicht, wohin ich gehen muss«, antwortete Tamino und hatte nach diesen Worten große Mühe, nicht wieder zu weinen.

Jetzt prustete der Wal eine noch größere Fontäne heraus, sodass Tamino ganz schön im Regen stand. Dann fragte er in aller Walenruhe: »Wie heißt du, mein Junge?«

»Mein Name ist Tamino. Tamino Pinguin.«

»Und ich bin Ephraim der Buckelwal«, erwiderte der Wal. »Nun hör mir mal gut zu, denn ich erteile selten Ratschläge. Ich tauche nämlich viel lieber als ich spreche, und ich habe keine Lust, mich zu unterhalten: Klein bist du von Körpergröße, doch groß kann sein, was du vollbringst. Du hast keine Wahl mehr, ob du dich auf den Weg machen sollst oder nicht. Denn du bist schon unterwegs!«

»Schon unterwegs?«, warf Tamino ein. »Wie meinen Sie das, Herr Ephraim?«

»Deine Tränen waren dein Aufbruch, kleiner Pinguin. Du bist also schon auf dem Weg. Und wenn du unterwegs die Liebe findest, hast du dein Ziel erreicht. Mit ihr wirst du auch Nanuma finden!«

»Die Liebe«, sagte Tamino. »Was ist das, die Liebe?«

»Das, mein Sohn, musst du selbst herausfinden. Denn jeder liebt anders. Finde deine Liebe, dann findest du auch Nanuma.« Nach diesen Worten verschwand Ephraim ebenso plötzlich wieder in den Fluten, wie er aufgetaucht war.

Tamino blieb noch eine kleine Weile sitzen. Dann machte er sich auf den Nachhauseweg. Er nahm sich vor, seine Mama zu fragen, was denn nun die Liebe sei. Denn seine Mama fragte er immer, wenn er etwas nicht verstand. Und so sollte es auch diesmal sein!

Den ganzen Weg über sagte er sich das Wort immer wieder vor, damit er es nicht vergaß: »Liebeliebeliebeliebe …«

Am Abend, nach dem Abendessen, als Papa Pinguin vor dem Pingseher saß und Tamino der Mutter beim Aufräumen half, schien die Gelegenheit günstig. Gerade hatten sie den letzten Teller in den Gepingspüler geräumt, als Tamino sich traute und fragte: »Mama, was ist eigentlich Liebe?«

»Liebe, Tamino, Liebe ist das Schönste, was einem Pinguin widerfahren kann. Es kribbelt im Frack und im Bauch, und du möchtest, dass es nie wieder aufhört!«

»Und wann widerfährt es mir?«, fragte Tamino, der von einem Moment auf den anderen ungeduldig geworden war.

»Irgendwann wirst du die Liebe finden«, antwortete seine Mutter. »Und nun geh schlafen. Ich habe dein Bett mit frischen Eisschollen bezogen.« Sie küsste seinen Pinguinschnabel mit ihrem Pinguinschnabel und brachte ihn zu Bett.

Tamino konnte die ganze Nacht kein Auge zutun. Zu sehr gingen ihm die Worte seiner Mutter im Kopf herum: »Irgendwann wirst du die Liebe finden!«

Ephraim hatte auch gesagt, dass er die Liebe finden solle. Also musste doch alles miteinander zu tun haben – nur wie?

Tamino rollte sich auf seiner Eisschollen-Matratze hin und her, vor und zurück und wieder hin und her.

Plötzlich schoss es ihm wie ein Hagelschlag durch den Kopf: Wenn man die Liebe finden kann, dann kann man sie auch suchen! Das musste der Weg sein, von dem Ephraim gesprochen hatte. »Du bist schon auf dem Weg«, hatte der Buckelwal gesagt.

Blitzeisschnell sprang Tamino aus dem Bett. Er wollte sie suchen, die Liebe. Das wusste er genau. Denn wenn etwas kribbelte, musste es schon etwas ganz Besonderes sein. Und erst recht, wenn man dadurch als kleiner Pinguin etwas Großes vollbringen konnte.

Mit dem Schnabel ritzte er eine Nachricht für Mama und Papa

Pinguin in den eisbedeckten Boden seines Kinderzimmers: »Ich geh die Liebe suchen und komme wieder, wenn ich sie gefunden habe. Denn dann kann ich Pingzessin Nanuma befreien.«

Er watschelte zur Tür hinaus und stand zum allerersten Mal in seinem Pinguinleben mitten in der Nacht draußen vor dem Haus seiner Eltern.

Das Eismeer lag still vor ihm. Und auch sonst war es sehr still. Der gute alte Mond warf sein Licht auf die südpolische Schneelandschaft, und so war alles wundervoll beleuchtet, denn der Schnee gab das Licht zurück.

Tamino kletterte auf einen Schneehügel, um von dort oben zu erkunden, in welcher Richtung die Liebe wohl am ehesten zu finden sei.

Rechts war dickes Packeis, so weit sein Pinguinauge reichte. Da konnte die Liebe nicht sein. Denn wo überall Packeis ist, geht tauchen schlecht, weil man zwischendurch nicht auftauchen und Luft holen kann.

Links hing der Himmel voller riesiger Schneewolken. Da konnte die Liebe bestimmt nicht sein, denn von Schnee hatte Mama Pinguin schließlich nichts gesagt.

Hinter Tamino lagen sein Elternhaus und die Südpolische Gesamtschule. Hier kannte Tamino sich aus. Da konnte die Liebe auch nicht sein.

Also geradeaus!

Plumps, sprang Tamino ins Eismeer und schwamm los.

Wie der Fuchs
und ein kleiner Junge
den Menschen
das Feuer brachten

von Käthe Recheis

Als die Menschen auf die Erde kamen, kannten sie das Feuer nicht. Sie wussten nicht einmal, dass ihnen etwas fehlte. Lange Zeit war es immer Sommer. Tagsüber schien die Sonne und selbst in den Nächten war die Luft lau und lind. Aber dann, auf einmal, wurde es Winter. Eisige Stürme fegten über das Land. Schnee bedeckte die Erde, Bäche und Seen froren zu. Am kalten Winterhimmel stand die Sonne und spendete keine Wärme mehr. Die Menschen hüllten sich in Tierpelze und drängten sich in ihren Hütten aneinander. Besonders die Alten und die ganz kleinen Kinder litten unter der Kälte. Viele starben.

Damals lebte in einem der Indianerdörfer ein kleiner Junge, der seine Großeltern sehr liebte. Als in einer bitterkalten Nacht wieder ein paar alte Leute erfroren waren, rief der Häuptling des Dorfes die Männer und Frauen zu sich, um Rat zu halten.

»Ich habe gehört«, sagte der Häuptling, »dass es etwas geben soll, an dem wir uns wärmen könnten. Man nennt dieses Etwas Feuer.«

»Feuer?«, riefen die jungen Männer. »Wo ist es? Wo können wir es finden?«

»Irgendwo, niemand weiß wo, ist eine Höhle«, sagte der Häuptling. »Dort ist das Feuer. Man erzählt, dass die Feuerfrau und ihre zwei Töchter es bewachen. Man erzählt, dass sie jeden töten, der es ihnen wegnehmen will. Vielleicht kommt jener, der das Feuer sucht, nicht mehr zu uns zurück. Es ist eine gefährliche Aufgabe. Aber einer muss es tun, sonst sterben wir alle. Wer ist dazu bereit?«

Die Männer des Dorfs sahen einander an. Keiner wollte sich aufmachen und das Feuer suchen.

»Was hat es für einen Sinn?«, fragten sie. »Wir wissen nicht, wo die Höhle ist. Und wenn wir sie finden, tötet uns die Feuerfrau. Ist es nicht besser, wir bleiben alle hier? Einmal muss es doch wieder warm werden.«

Der kleine Junge saß am Rand der Versammelten und dachte an seine Großeltern, die von Tag zu Tag schwächer wurden. »Wenn niemand das Feuer holt, erfrieren sie«, sagte der kleine Junge zu sich und weinte.

Da spürte er, wie eine feuchte Schnauze ihn berührte. Es war der Fuchs, der vieles wusste, was die Menschen nicht wussten. Er war aus den Wäldern gekommen, weil sie ihm leidtaten.

»Möchtest du nicht deinen Großeltern helfen?«, fragte der Fuchs den kleinen Jungen.

»Das möchte ich!«, antwortete der Junge.

»Dann steh auf und sag, dass du das Feuersuchen wirst!«

»Wie kann ich das?«, fragte der Junge. »Nicht einmal die tapfersten Männer aus dem Dorf wagen es zu tun.«

»Du kannst es, wenn du nur willst«, sagte der Fuchs. »Außerdem wirst du nicht allein sein. Ich helfe dir.«

Der Junge stand auf, trat vor den Häuptling hin und sagte: »Ich gehe und suche das Feuer!«

»Ein kleiner Junge wie du wird nie und nimmer den Weg zur Höhle finden«, sagte der Häuptling. Er schaute im Kreis umher und rief: »Wer geht statt diesem Jungen hier und sucht das Feuer?«

Wieder meldete sich niemand. Alle Männer im Dorf hatten Angst vor dem weiten, ungewissen Weg, hatten Angst vor der Feuerfrau und den zwei Töchtern.

»Ich gehe!«, sagte der Junge noch einmal.

Bevor er aufbrach, versprach er seinen Großeltern: »Bald braucht ihr nicht mehr zu frieren. Ich bringe das Feuer, das euch wärmen wird.«

Der kleine Junge ging in den Wald, wo der Fuchs schon auf ihn wartete.

»Sammle einen großen Stoß Reisig«, befahl der Fuchs. »Wenn Feuer brennen und wärmen soll, braucht es dürres Holz.«

Der Junge trug Reisig zusammen, bis der Fuchs sagte: »Jetzt ist der Stoß groß genug! Und nun lauf immerzu geradeaus. Du darfst nie aufhören zu laufen. Wer sich bei dieser Kälte niedersetzt, schläft ein und erfriert.«

Der Junge fing an zu laufen, er lief immerzu geradeaus. Zuerst fiel es ihm leicht und er kam rasch vorwärts. Nach einiger Zeit wurde er müde und wünschte nichts sehnlicher, als sich hinzusetzen und zu rasten. Jedes Mal aber, wenn er anhalten wollte, schnappte der Fuchs nach seinen Fersen.

»Lauf, kleiner Bruder, lauf!«, rief der Fuchs.

Und der Junge lief, lief durch die Wälder, über Hügel und durch Täler, bis ihn schließlich seine Beine nicht mehr trugen und er erschöpft in den Schnee sank. »Ich kann nicht mehr!«, sagte er.

»Macht nichts!«, antwortete der Fuchs. »Jetzt ist es nicht mehr weit. Siehst du den Fluss dort? Der fließt an der Höhle vorüber. Und hier sind vier Äste, nicht zu lang und nicht zu kurz, nicht zu dick und nicht zu dünn. Verstecke sie in deiner Jacke. Wenn du in der Höhle bist, musst du warten, bis die Feuerfrau und ihre Töchter eingeschlafen sind. Dann zünde den ersten Ast an. Tritt das Feuer mit den Füßen aus, bis kein Funke mehr glimmt, und lauf zu mir zurück.«

Der Junge steckte die vier Äste in sein Fellkleid. »Ich will tun, was du mir aufgetragen hast«, sagte er zum Fuchs. »Aber wie komme ich in die Höhle hinein? Und wird mich die Feuerfrau nicht töten?«

»Wir müssen eben schlauer sein als sie«, antwortete der Fuchs. »Verwandle dich in ein Kaninchen!«

»Das kann ich nicht«, sagte der kleine Junge.

»Du kannst es, wenn du nur willst«, sagte der Fuchs. »Los! Verwandle dich!«

Da wünschte sich der kleine Junge ganz fest, ein Kaninchen zu sein – und wirklich, auf einmal war er ein Kaninchen mit langen Ohren und weichem weißen Fell.

»Wir Füchse jagen Kaninchen, und alle Kaninchen laufen vor uns davon«, sagte der Fuchs. »Das werden wir beide jetzt tun!«

Das Kaninchen versuchte dem Fuchs zu entwischen, es rannte

dahin und dorthin, aber der Fuchs ließ sich nicht abschütteln und trieb es in den Fluss hinein. Das Wasser war eisig kalt. Der Junge, der ein Kaninchen geworden war, strampelte mit den vier Beinen, aber es nützte nichts. Sein Fell wurde nass und so schwer, dass er meinte, ertrinken zu müssen.

Vor der Höhle der Feuerfrau standen ihre zwei Töchter.

»Ein Kaninchen!«, rief die jüngere Schwester. »Das arme Ding ist in den Fluss gefallen.«

»Es wird ertrinken«, sagte die ältere Schwester. »Da kann man nichts machen.«

»Doch, man kann«, sagte die jüngere Schwester und fischte das Kaninchen aus dem Wasser. Sie drückte das tropfnasse, kleine Geschöpf an sich und spürte, wie es vor Kälte zitterte. »Ich muss es am Feuer wärmen«, sagte sie, »sonst erfriert es mir noch.«

»Das darfst du nicht tun«, sagte die ältere Schwester. »Unsere Mutter hat uns verboten, jemanden in die Höhle zu bringen.«

»Ein Kaninchen wird uns das Feuer schon nicht stehlen«, sagte die jüngere Schwester. Sie ging in die Höhle und setzte sich mit dem Kaninchen in den Armen ans Feuer. Gelbe und rote Flammen tanzten, das Feuer knackte und prasselte. Dem Jungen, der ein Kaninchen war, wurde warm und wärmer.

»Habe ich euch nicht verboten, jemanden in die Höhle zu bringen?«, fragte die Feuerfrau.

»Es ist doch nur ein Kaninchen!«, antwortete die jüngere Schwester. »Schau, Mutter, wie hübsch es ist mit seinem weißen Fell und den langen Ohren!«

Die Nacht kam. Draußen im Freien wurde es dunkel, aber das Feuer in der Höhle strahlte Licht und Wärme aus.

»Bleibt wach und hütet das Feuer!«, befahl die Feuerfrau ihren Töchtern, legte sich nieder und schlief ein.

»Hüte du das Feuer!«, sagte die ältere Tochter zu ihrer Schwester. »Ich bin müde und gehe auch schlafen.«

Jetzt war nur noch die jüngste Schwester wach. Der Junge, der ein Kaninchen war, begann ein Schlaflied zu summen. Die leisen Töne schläferten die jüngere Schwester ein, die Augen fielen ihr zu. Bald schlief sie tief und fest.

Das Kaninchen hüpfte aus ihren Armen und verwandelte sich in den kleinen Jungen zurück. Er holte einen der Äste aus seinem Fellkleid und entzündete ihn am Feuer. Als der Ast brannte, trat der Junge, wie der Fuchs ihm befohlen hatte, das Feuer aus, bis kein Funke mehr in der Asche glühte. Dann schlich er aus der Höhle und rannte am Ufer des Flusses entlang.

Die jüngere Schwester erwachte, sah, was geschehen war, und lief ihm nach.

»Warum hast du das getan?«, rief sie. »Als du ein Kaninchen warst, habe ich dich aus dem Fluss gerettet. Ich habe dich an unserem Feuer gewärmt und nun stiehlst du es uns. Ist das dein Dank?«

»Jetzt weiß ich, warum der Fuchs mir vier Äste gegeben hat«, dachte der Junge. Er zündete den zweiten Ast an und warf den ersten der jüngeren Schwester zu.

»Nimm das Feuer und trag es in eure Höhle!«, rief er. »Du hast mich aus dem Fluss gerettet und mich gewärmt. Dafür bin ich dir dankbar. Aber die Menschen in meinem Dorf brauchen das Feuer, sonst erfrieren sie.«

»Wenn es so ist, dann bring es ihnen«, sagte die jüngere Schwester, hob den brennenden Ast auf und kehrte in die Höhle zurück.

Auch die ältere Schwester und die Feuerfrau waren wach geworden und verfolgten den Jungen. Wieder zündete er Äste an und warf sie ihnen zu. »Tragt das Feuer in eure Höhle!«, rief er und rannte weiter.

Der Fuchs wartete schon auf ihn. »Das hast du gut gemacht«, lobte ihn der Fuchs. »Jetzt lauf! Lauf zurück zum Dorf, so schnell du kannst!«

Der Junge lief mit dem vierten brennenden Ast in der Hand durch die Wälder, er lief über Hügel und durch Täler. Als er schon nahe beim Dorf war, wollten ihn seine Beine nicht mehr tragen. Er sank erschöpft in den Schnee.

Der Ast war bis auf einen winzigen Stummel abgebrannt. Der Fuchs packte den Stummel und rannte zum Holzstoß. Im letzten,

im allerletzten Augenblick, bevor das Feuer erlosch, entzündete der Fuchs das dürre Gezweig. Die Flammen liefen knisternd am Reisig empor. Bald brannte der ganze Stoß. Die Menschen im Dorf sahen den hellen Schein und hörten ein Knacken und Prasseln, das sie sich nicht erklären konnten. Sie kamen herbeigelaufen und drängten sich staunend um das Feuer. Ihnen wurde warm und wärmer. Rund um den brennenden Holzstoß schmolz der Schnee.

»Nun habt ihr das Feuer«, sagte der Fuchs. »Hütet es gut! Solange es in euren Hütten brennt, wird niemand mehr frieren und sei es noch so bitterkalt.«

Bevor der kleine Junge und die anderen ihm danken konnten, verschwand der Fuchs im Unterholz des Waldes.

Männer und Frauen und die Kinder zündeten Zweige an und gingen ins Dorf zurück. In jeder Hütte brannte nun ein wärmendes Feuer.

Die Großeltern des kleinen Jungen mussten nicht mehr frieren.

Von überall her, aus jedem der Dörfer, kamen die Bewohner und holten sich das Feuer. Im ganzen Land erzählte man sich die Geschichte vom Fuchs und dem kleinen Jungen. Niemals wieder aber hat ein Mensch den Weg zur Höhle der Feuerfrau und ihrer zwei Töchter gefunden.

Ibo hat einen Vogel

von Brinx/Kömmerling

Bei dir piept's ja!

Ibo und Pinkie können sich nicht leiden. Beide wohnen in der Turmstraße 7. Ibo im Erdgeschoss, wo sein Vater einen Gemüseladen hat, und Pinkie mit ihrer Mutter im zweiten Stock.

Hinter dem Haus ist ein Hof. Der heißt Hinterhof und gehört Ibo und Pinkie. Die Seite mit der Teppichstange gehört Ibo und die andere mit der kleinen Mauer Pinkie. Und keiner von beiden darf die Hälfte des anderen betreten. Wehe!

Im Hinterhof steht Pinkie auf ihrer Mauer und macht sich über Ibo lustig. »Zauskopf«, ruft sie oder: »Läuse-Ibo.«

Ibo hängt mit dem Kopf nach unten an der Teppichstange. Er weiß schon, dass Pinkie seine verstrubbelten Haare meint. Die will er sich nicht schneiden lassen. Sie stehen nach allen Richtungen ab. Ibo findet das »Na und?«.

»Pinkie, Stinkie!«, ruft er zurück, obwohl sie eigentlich Sabine heißt. Und das macht sie so wütend, dass sie nicht mehr fliegen kann.

Pinkie steht nämlich oft auf der Mauer in ihrem Teil des Hinterhofes, schreit: »Ich fliege, ich fliege!«, und springt hinunter. Wenn sie unten landet und die Augen aufmacht, strahlt sie übers ganze Gesicht: »Was für ein Flug, oder, Läuse-Ibo?«

Ibo lehnt an seiner Teppichstange und sagt: »Bei dir piept's ja, Pinkie!«

Keine Pause von Ibo

Jetzt sind Sommerferien. Wie jedes Jahr fahren Ibo und sein Papa nicht weg, weil man im Sommer am allermeisten Gemüse verkaufen kann.

Aber auch Pinkie und ihre Mama bleiben zu Hause, und das ist anders als sonst. Pinkies Mama hat ihren Job verloren. Und jetzt arbeitet sie bei Ibos Papa im Gemüseladen.

»Der braucht im Sommer Hilfe, Sabine«, sagt sie zu Pinkie und die verdreht sauer die Augen, weil sie jetzt jeden Tag den Ibo im Hinterhof sieht und keine Pause hat. Keine Pause von Ibo.

Der Sie-Vogel

Am nächsten Morgen nach dem Frühstück geht Pinkie in den Hinterhof, um nach dem Rechten zu sehen. Zum Beispiel, dass Ibo nicht auf ihre Mauer geklettert ist oder so. Ist er nicht. Ibo sitzt an seine Teppichstange gelehnt und bewegt sich nicht. Überhaupt nicht.

Pinkie beachtet ihn gar nicht, stolziert an ihm vorbei und sagt nicht mal »Guten Morgen«. Sie klettert auf ihre Mauer, balanciert ein Mal hin und ein Mal her.

Da macht Ibo: »Pssst!« Ganz leise, aber er war es.

Pinkie schaut gar nicht zu ihm hin. »Was soll das heißen, ›Pssst‹, Zauskopf?«

»Pssst«, flüstert Ibo wieder. »Du musst mir helfen, Pinkie!«

»Ich wüsste nicht, warum«, sagt Pinkie laut, muss jetzt aber doch mal kurz zu Ibo rüberschauen, um rauszukriegen, was mit ihm los ist.

Auf Ibos Kopf sitzt ein Vogel. Er hat es sich in den Zaushaaren gemütlich gemacht, sich alles schön zurechtgezupft und sich ein Nest gebaut.

Pinkie setzt sich auf ihre Mauer, macht die Augen zu und wieder auf. Aber der Vogel ist immer noch da.

»Das gibt's ja nicht!«, sagt sie und kann nicht mehr wegschauen.

In diesem Moment fängt der Vogel an, aufgeregt zu piepsen und legt ein Ei.

Ibo verdreht die Augen. Er will unbedingt sehen, was da oben los ist auf seinem Kopf. Aber das geht nicht.

»Was ist los? Was hat der Vogel?«, fragt er Pinkie leise.

Und Pinkie flüstert zurück: »Es ist eine Sie, ein Sie-Vogel. Sie hat ein Ei gelegt.«

Der Sie-Vogel singt ein paar fröhliche Töne, plustert sich auf und setzt sich auf das Ei, um es auszubüten.

»Darf ich zu dir rüberkommen?«, fragt Pinkie.

Und Ibo nickt vorsichtig, damit der Sie-Vogel und das Ei nicht runterfallen.

Pinkie springt von der Mauer und geht langsam auf Ibo zu. Sie redet dem Sie-Vogel beruhigend zu. »Ich tue dir nichts, bleib ganz ruhig!«

Da bleibt der Sie-Vogel ganz ruhig und Pinkie setzt sich vorsichtig neben Ibo. »Jetzt müssen wir warten, bis sie das Ei ausgebrütet hat.«

Ibo schüttelt den Kopf. Er kann doch nicht mit einem Vogel auf dem Kopf nach Hause gehen. Er kann wahrscheinlich gar nicht gehen, weil der Sie-Vogel dann Angst bekommt.

Pinkie nickt. »Weißt du was, Ibo?«

Ibo schaut Pinkie an.

»Wir ziehen in den Hinterhof!«

Umzug in den Hinterhof

Jetzt hat Pinkie alle Hände voll zu tun, während Ibo im Hinterhof sitzt und sich nicht bewegt. Als Erstes geht sie in den Gemüseladen. Ihre Mama legt gerade Tomaten zu Tomaten und Karotten zu Karotten. Und Ibos Papa steht an der Kasse und wartet auf neues Geld.

»Ibo und ich ziehen in den Hinterhof!«, verkündet Pinkie.

»Warum das denn?«, will ihre Mama wissen.

Pinkie schnappt sich zwei Tomaten und sagt: »Nur so!«

Sie geht nach oben und packt alle möglichen Sachen in die große Einkaufstasche: ein Bettlaken und die große Decke, ein Brot und die Marmelade, Limo, eine Taschenlampe, das Kartenspiel und ein Kissen, nein, zwei, sie brauchen zwei Kissen, und Schnur, ganz viel Schnur.

Voll bepackt kommt Pinkie in den Hinterhof. Sie gibt Ibo das Brot und eine der beiden Tomaten.

Während er isst, spannt sie das Bettlaken über die Teppichstange, wickelt Schnur um die vier Ecken und bindet sie fest: am Baum, am Haken in der Mauer, an der Tür zum Haus und an dem Griff von der Mülltonne. Jetzt haben sie ein richtiges Zelt und es macht gar nichts mehr, wenn es mal regnet.

Pinkie stapelt das Essen in ihrem neuen Zuhause, klopft die Kissen aus, eins für Ibo, eins für sich, und muss erst mal einen großen Schluck Limo aus der Flasche trinken. Das darf man nämlich bei Ibo und Pinkie im Hinterhof.

Der Sie-Vogel hat auch Hunger. Pinkie rollt ihm kleine Brotkügelchen und legt sie in Ibos Zaushaare, die jetzt ein Nest sind. Der

Sie-Vogel pickt sich die Brotkügelchen aus den Haaren und ist froh, dass Pinkie da ist.

Ibo ist auch froh darüber. Das erste Mal. Und er macht aufgeregt Pläne. »Also, wir wohnen jetzt hier, bis der kleine Vogel aus dem Ei kommt.«

Pinkie nickt. »Der Klein-Vogel.«

Ibo plant weiter. »Mein Vater darf das auf keinen Fall sehen. Er wird den Sie-Vogel verscheuchen.«

Pinkie nickt. Sie steht auf und kramt in der Mülltonne, bis sie ein Stück Pappe findet.

Dann steckt sie den Finger in die Marmelade und schreibt damit ein Schild. Ein Marmeladeschild: Für Erwachsene streng verboten!

Das Haar-Nest

Aber jetzt hat Ibo schon wieder ein neues Problem. »Was, wenn ich Pipi muss?«, fragt er und verzieht das Gesicht.

»Musst du denn Pipi?«

Ibo schüttelt den Kopf. »Im Moment noch nicht, aber wenn?«

Pinkie nickt nachdenklich.

Ibo hat natürlich recht. Man muss vorausdenken, vor allem wenn man einen Sie-Vogel auf einem Ei im Haar hat.

Der Sie-Vogel piepst und schaut Pinkie mit schiefem Kopf an. Ist irgendwas?, will er vielleicht wissen.

»Ibo, was meinst du: Fragt der Sie-Vogel, wo er ist?«, fragt Pinkie.

»Er denkt, dass er auf meinem Kopf, in meinen Haaren sitzt.«

Pinkie schüttelt den Kopf. »Er denkt, dass er auf einem Baum ist, wie immer. Nur diesmal war es ziemlich praktisch, weil das Nest schon fertig war.«

Pinkie übt mit Ibo, ein Baum zu sein. Sie breiten die Arme aus, als wären es Äste. Sie schwanken ein bisschen hin und her, als wäre Wind. Und sie machen Blätterrascheln mit dem Mund und zischen durch die Zähne.

Der Sie-Vogel findet das gut und steckt seinen Kopf in die Federn, um zu schlafen.

»Siehst du«, flüstert Pinkie Ibo zu, »wenn du ein Baum bist und ganz langsam gehst, kannst du Pipi machen.«

Pinkies Mama ruft aus dem Fenster und fragt, ob Pinkie und Ibo etwas brauchen. Aber sie haben alles und Ibo versteckt sich im Zelt, damit Pinkies Mama den Sie-Vogel nicht entdeckt. Der soll ein Geheimnis bleiben.

Warten, bis das Ei fertig ist

Es ist dunkel. Die Sterne glitzern am Himmel und der Mond scheint für Ibo und Pinkie.

Weil Ibo im Sitzen schlafen muss, damit der Sie-Vogel und das Ei nicht runterfallen, schläft Pinkie auch im Sitzen. Sie haben die große Decke um sich gewickelt und tunken Brot in die Marmelade.

»Pinkie?«, flüstert Ibo. »Ich bin froh, dass du da bist.«

»Kennst du das Lied vom Zauskopf und dem Sie-Vogel?«, flüstert Pinkie zurück.

Ibo schüttelt den Kopf.

Da denkt sich Pinkie schnell das Lied aus und singt es Ibo vor. Ganz leise, damit der Sie-Vogel nicht aufwacht.

So warten Pinkie, Ibo und der Sie-Vogel viele Tage und Nächte darauf, dass das Ei fertig ist. Sie spielen Karten und Pinkie denkt sich immer wieder neue Spiele aus. Sie singen mit dem Sie-Vogel um die Wette. Sie essen warme Spaghetti von Pinkies Mama und der Sie-Vogel denkt, es wären Würmer, und isst auch mit.

Ibos Papa liefert kleine Süßigkeiten aus dem Gemüseladen. Und nachts, wenn Ibo und Pinkie mal nicht schlafen können, machen sie Leuchtzeichen mit der Taschenlampe in den Himmel. So können sie miteinander sprechen, ohne zu sprechen. Dreimal kurz blinken heißt zum Beispiel »Hallo«. Und einmal kurz, einmal lang, einmal kurz bedeutet »Hallo zurück!«.

Der Klein-Vogel

Eines Morgens ist der Sie-Vogel weg. Aber das Ei ist noch da und es bewegt sich. Es rollt ein bisschen hin und her, es knickt und knackt und plötzlich hat es einen Riss.

»Sie-Vogel, schnell, es ist so weit!«, ruft Pinkie aus dem Zelt. »Bleib ganz still sitzen, Ibo, du darfst dich nicht bewegen.«

Ibo gibt sein Bestes und Pinkie starrt das Ei an. Der Riss wird größer und der kleine Vogel klopft von innen an die Schale. Immer wieder.

Bis es plötzlich knack macht und Pinkie den Schnabel sehen kann. Der kleine Vogel zwängt sich heraus.

»Ibo, er ist da«, flüstert Pinkie.

Der kleine Vogel ist ganz nackt und sein Kopf wackelt, weil er so schwer ist auf dem dünnen Hals.

»Hallo, Klein-Vogel!«, sagt Ibo von unten.

Und Klein-Vogel reißt den Schnabel auf und schreit: »Fiiiiiep!«

In diesem Moment kommt Sie-Vogel mit etwas zu essen angeflogen.

Pinkie steht auf und verbeugt sich feierlich vor ihm.

»Herzlichen Glückwunsch, Sie-Vogel!«

»Von mir auch«, ruft Ibo.

Die ersten Flugstunden

In den nächsten Tagen wird Klein-Vogel immer größer. Und immer lauter. Er hat nicht Hunger wie ein kleiner Vogel, er hat Hunger wie ein Bär. Sie-Vogel fliegt die ganze Zeit hin und her: Essen holen, zurück zu Klein-Vogel, Essen rein in Klein-Vogel, wieder los, Essen holen.

Pinkie beobachtet Klein-Vogel ganz genau und berichtet Ibo darüber, wie er sich verändert.

»Er ist schon wieder gewachsen« oder »Er hat eine Feder bekommen« oder »Er wackelt nicht mehr mit dem Kopf«.

»Weißt du was, Ibo?«, sagt Pinkie eines Abends, als Sie-Vogel und

Klein-Vogel schlafen. »Weißt du, ich glaube, dass Klein-Vogel bald fliegen lernen muss!«

Am nächsten Morgen kommt Sie-Vogel nicht wie sonst mit Essen für Klein-Vogel. Er sitzt auf Pinkies Mauer und zwitschert Klein-Vogel etwas zu.

»Komm«, heißt das, »flieg los. Trau dich!« Klein-Vogel ist ganz aufgeregt und weiß gar nicht, was auf einmal los ist. Wo bleibt sein Essen? Er steht auf Ibos Kopf, flattert mit den Flügeln und fiept und fiept.

»Klein-Vogel traut sich nicht«, meint Ibo verzweifelt.

Pinkie nimmt Ibo bei der Hand und sie verlassen langsam das Zelt.

»Du musst fliegen, Klein-Vogel«, versucht sie ihm zu erklären.

Aber der setzt sich einfach hin und ist traurig.

Ibo und Pinkie sind ratlos.

»Wenn er nicht fliegen lernt, wird er nie ein großer Vogel!«, meint Pinkie.

Pinkie geht im Hinterhof hin und her und überlegt. Was sollen sie denn jetzt machen?

Da hat Ibo eine Idee. »Du kannst doch fliegen«, sagt er zu Pinkie.

»Natürlich kann ich fliegen«, antwortet Pinkie.

Sie sagt es ein wenig schnippisch, weil sie denkt, Ibo will sie auf einmal wieder ärgern.

»Du musst es Klein-Vogel vormachen!«, sagt Ibo und strahlt. »Wenn du dich traust, dann traut er sich bestimmt auch!«

Pinkie schaut Ibo an.

»Bitte, Pinkie … Sabine!«, bettelt Ibo.

Pinkie zieht die Stirn in Falten. Dann spuckt sie sich in die Hände. »Na gut, versuchen können wir es ja.«

Sie geht zur Mauer, auf der immer noch Sie-Vogel sitzt und inzwischen schimpft. Bevor sie hochklettert, dreht sie sich noch einmal zu Ibo um. »Aber nenn mich nie wieder Sabine!«

Pinkie steht mit weit ausgebreiteten Armen auf der Mauer. Sie-Vogel ist ein bisschen zur Seite gehüpft. Er weiß nicht, was Pinkie vorhat. Ibo steht mit Klein-Vogel mitten im Hinterhof.

»Schau her, Klein-Vogel«, ruft Pinkie.

Er legt den Kopf schief und schaut.

»Wer fliegen will, muss aufstehen und seine Flügel ausbreiten!«, erklärt Pinkie. Sie schließt die Augen und springt von der Mauer. Unten angekommen öffnet sie die Augen wieder. »Was für ein Flug, oder, Klein-Vogel?«

Klein-Vogel schaut Pinkie an. Er schlägt mit den Flügeln, schüttelt sich einmal, reißt den Schnabel auf, schreit: »Fiiiiep!«, und fliegt zu Sie-Vogel auf die Mauer.

Ibo springt wie ein Gummiball im Hinterhof herum. Erstens, weil er sich so freut, und zweitens, weil er endlich mal wieder wie ein Gummiball herumspringen kann.

Pinkie springt mit. »Er fliegt, er kann fliegen, juhu!«

Auch Sie-Vogel freut sich und schnäbelt lieb in Klein-Vogels Federn herum. Dann fliegt er los und Klein-Vogel fliegt hinterher. Höher und immer höher in den Himmel hinein.

Ibo und Pinkie winken wie verrückt. »Auf Wiedersehen, Sie-Vogel! Mach es gut, Klein-Vogel!«

Ibo Zauskopf
Später gehen Ibo und Pinkie in den Gemüseladen.

Sie haben alles ordentlich zusammengepackt, das Zelt abgebaut, die Kissen unter den Arm geklemmt und die Decke zusammengerollt.

»Wir sind wieder da!«, verkündet Pinkie.

Ibos Papa schlägt die Hände über dem Kopf zusammen, als er Ibo sieht.

»Jetzt wird es aber höchste Zeit, dass du dir die Haare schneiden lässt!«, schimpft er.

Pinkie legt Ibo den Arm um die Schultern und grinst. »Aber wirklich, Zauskopf!«

Die Geschichte vom kleinen Hund mit dem Knochen

von Ursula Wölfel

Einmal hat ein kleiner Hund einen Knochen gefunden. Gleich ist ein großer Hund gekommen. Der hat geknurrt und die Zähne gefletscht und böse Augen gemacht und er hat dem kleinen Hund den Knochen abgenommen. Jetzt wollte der große Hund den Knochen fressen.

Aber schon ist ein anderer großer Hund gekommen, auch der wollte den Knochen haben. Die beiden großen Hunde haben sich angeknurrt und die Zähne gefletscht und böse Augen gemacht. Sie sind immer im Kreis um den Knochen herumgelaufen und einer hat nach dem andern geschnappt.

Da ist der kleine Hund zwischen den beiden großen Hunden hindurchgeschlüpft und hat sich den Knochen geholt und ist schnell damit weggerannt. Die beiden großen Hunde haben gar nichts davon gemerkt. Sie sind immer weiter im Kreis herumgerannt und haben geknurrt und die Zähne gefletscht und böse Augen gemacht. Aber da war ja gar kein Knochen mehr! Den hatte der kleine Hund längst weggeschleppt.

Der bärenstarke Willibald

von Ulrike Sauerhöfer

Micki ist ein kleiner Junge. Kleiner als alle anderen in der Klasse. Oft halten ihn die Leute für jünger. Auf fünf oder sogar vier Jahre hat man ihn schon geschätzt, obwohl Micki bereits sechs ist und in die 1. Klasse geht. Viele Muskeln hat er auch nicht. Einmal hat die Metzgersfrau seine Mama sogar gefragt, ob ihre kleine Tochter ein Stück Wurst wolle, und dabei auf Micki gezeigt. Das war das Allerschlimmste gewesen! Dass er aussehen sollte wie ein Mädchen! Mama hat nur gelacht, aber Micki wollte gleich am nächsten Tag zum Friseur gehen. Dort ließ er sich seine schönen, blonden Haare ratzekurz abschneiden. Viel genützt hat es allerdings nicht.

Aber heute hat Micki gute Laune. Er geht nämlich in den Zirkus! Nur er und sein Freund Paul, ganz alleine. Und da sitzen sie nun auf den harten Holzbänken und warten aufgeregt auf die Vorstellung. Endlich geht es los! Alles ist so, wie Micki es sich vorgestellt hat, und fast noch ein bisschen schöner.

Als die Trapezturner über ihnen ihre Kunststücke vollführen, halten die zwei Jungen die Luft an. Aber alles geht gut. Danach kommt ein Zauberer, der aus seinem Zylinder einen schneeweißen Kakadu hervorzaubert und ihn anschließend sogar sprechen lässt, und zwar französisch!

»Wie macht er das nur?«, ruft Paul bewundernd. Paul besitzt einen Zauberkasten und hat Micki schon viele kleine Zauberkunststücke vorgeführt.

»Keine Ahnung«, kichert Micki. Dann kommt die nächste Nummer.

»Liebes Publikum!«, ruft der Zirkusdirektor. »Nun erwartet Sie einer der Höhepunkte des Abends. Heißen Sie ihn mit einem kräftigen Applaus willkommen, den stärksten Mann der Welt! Manege frei für den bärenstarken Willibald!«

Micki staunt: Herein tritt ein großer Mann, der nur eine kurze, golden schimmernde Hose trägt und sonst nichts. Seine Muskeln glänzen im Scheinwerferlicht, und über der Lippe trägt er einen rabenschwarzen Schnurrbart.

»Der glänzt ja wie 'ne Ölsardine«, flüstert Paul grinsend, aber Micki hört gar nicht genau hin. Mit offenem Mund starrt er den starken Willibald an. Der nimmt eine dicke Eisenstange und ächzt und stöhnt und brüllt. Schließlich, beim letzten, lautesten Brüller, knickt die Stange ein und bricht sogar entzwei. Hat der Kraft!

»Bravo!«, ruft das Publikum. Auch Micki brüllt mit.

Aber schon geht es weiter. Willibald stemmt mit jedem Arm einen erwachsenen Mann und hält beide mindestens eine Minute in der Luft. Und er sieht überhaupt nicht angestrengt aus, im Gegenteil, er pfeift sogar noch ein Liedchen!

»Mannomann«, flüstert Micki, »das ist … überirdisch.«

Drei, vier andere Kunststücke zeigt der starke Willibald noch, eines unglaublicher als das andere. Dann sind der Clown und die Jongleure dran.

Micki aber ist ganz in Gedanken. »Wäre ich doch nur so stark wie der Willibald«, sagt er betrübt zu Paul.

»Ach«, wehrt Paul ab, »die ham' doch alle ihre Tricks.«

Als Micki abends im Bett liegt, geht ihm die Zirkusvorstellung nicht aus dem Kopf. Zu gerne würde er den Willibald fragen, wie man so stark wird. Ob der wohl jeden Tag Krafttraining macht?, überlegt er. Oder hat er vielleicht wirklich Tricks auf Lager?

Am nächsten Morgen steht Mickis Entschluss fest: Er wird zu dem starken Willibald gehen und ihn fragen. Gleich nach dem Mittagessen nuschelt er etwas von Fußballspielen und … zack! ist er draußen und auf dem Weg zum Zirkus. Am Tag sieht alles nicht ganz so beeindruckend aus wie abends, wenn die vielen hundert bunten Glühbirnen brennen. Hinter dem Zelt sind die Wohnwagen der Artisten, und an einem schönen, taubenblauen Wagen steht in großer Schrift: *Hier wohnt der bärenstarke Willibald.*

Gerade will Micki anklopfen, da hört er seltsame Geräusche aus dem Wagen. Es klingt, als ob jemand wimmert oder weint.

»Hilfe«, jammert es ganz leise, »zu Hilfe«, und dann noch leiser: »Bitte tu mir nix, bitte, bitte, bitte.«

Entschlossen öffnet Micki die Tür. Erst sieht er den Willibald gar nicht. Dann entdeckt er ihn, hoch oben auf seinem Schrank, in eine Ecke gedrückt, mit einem großen Kissen vor dem Bauch.

»Hilfe!«, jammert er wieder.

»Was ist denn los?«, fragt Micki erstaunt.

»Da … da unten unter dem Sessel, eine … eine Spinne, … rie-

117

sig … schwarz … mit Haaren an den Beinen«, stammelt Willibald. »Sie … sie hat mich gerade entdeckt … huh, wie schrecklich!«

»Eine Spinne?«, fragt Micki ungläubig. »Aber das ist doch nichts Schlimmes! Die sind ganz lieb. Mein Freund Paul und ich, wir züchten sie, die Spinnen, meine ich. Und da sind ganz viele dabei mit Haaren an den Beinen, und eine hat ein Kreuz auf dem Rücken.«

»Sei still!«, brüllt Willibald. »Ich will nix davon hören. Ich hab solche Angst vor Spinnen! Bitte, bitte, tu sie raus, ganz weit weg, tu sie nur raus!!«

»Okay«, beruhigt Micki den zitternden Mann. »Wenn du unbedingt willst.« Behutsam setzt er das zarte Tier auf seine Hand. Willibald hält sich die Augen zu. Dann trägt Micki die Spinne hinaus und setzt sie weit weg von Willibalds Wagen ins Gras.

Als er zurückkommt, sitzt der bärenstarke Willibald wieder unten auf seinem Bett. Er hat einen feuerroten Kopf.

»Bestimmt lachst du mich jetzt aus«, sagt er leise, »weil ein großer, starker Mann wie ich so ängstlich ist.« Und dann setzt er voller Bewunderung hinzu: »Du hast Mut, das muss ich schon sagen. Von dir kann ich noch was lernen!«

Micki freut sich. »Danke schön«, sagt er. Dann schüttelt er dem bärenstarken Willibald die Hand. »Ich heiße Micki und wohne nicht weit von hier«, strahlt er.

»Warst du denn schon in der Vorstellung, Micki?«, fragt Willibald nun. »Ich würde dir nämlich zwei Freikarten schenken, als Dank sozusagen.«

»Ich war schon, aber ich komme gerne noch mal«, ruft Micki froh, »mit meinem Freund Paul!«

Gut gelaunt und mit zwei Freikarten in der Hand springt Micki nach Hause. Und er denkt gar nicht mehr daran, was er den bärenstarken Willibald eigentlich fragen wollte.

118

Nachmittagsfreunde

von Sigrid Zeevaert

Leonard und Luise sind Nachbarn. Sie wohnen Tür an Tür in der dritten Etage. Fast jeden Nachmittag besuchen sie sich. Zusammen sitzen sie dann bei Luises Schildkröte und bauen ihr eine Burg. Oder sie geraten auf eine einsame Insel mit gefräßigen Krokodilen und Schlangen. Manchmal sind sie auch unterwegs zum Ende der Welt. Kämpfen gegen schwere Stürme und Unwetter an und schon einige Male hat Leonard Luise gerettet. Luise Leonard übrigens auch. Nachmittags sind Leonard und Luise die besten Freunde.

Nur am Morgen, wenn sie zur Schule gehen, klappt es mit ihnen beiden jedes Mal nicht. Entweder geht Leonard Luise voraus oder er ist so spät dran, dass Luise schon vorgehen muss. Und sie setzt sich zu ihren Freundinnen Lena und Kim.

In der Pause springt Leonard mit seinem Freund Marco als Erster davon und sie balancieren über den Fahrradständer. Schneiden Grimassen wie Clowns. Und sie ziehen die Mädchen an den Haaren.

»Was soll das?«, ruft Lena. »Hört auf!«

Aber die Jungen lachen.

»Ihr seid gefangen!«, ruft Marco und hält Kim am Arm. »Wir sind nämlich die Indianer und ihr seid die Squaws.«

»Sind wir nicht!« Kim reißt sich los und tippt sich mit dem Finger an die Stirn.

»Quatschköpfe!«, sagt Luise.

Als sie wieder in die Klasse zurückgehen, halten Marco und Leonard sich die Nasen zu. »Weil es hier stinkt«, sagen sie.

»Tse«, machen Lena, Kim und Luise. Dann sitzen sie alle wieder auf ihren Plätzen und Frau Siebental liest ihnen ein Frühlingsgedicht vor.

Am Nachmittag turnt Luise auf ihrem Bett. Und niemand kommt zu Besuch.

Leonard muss mit Mama in die Stadt, neue Schuhe kaufen. Und

eine Jeans. Danach muss er sein Zimmer aufräumen. Und ein Löwenposter aufhängen. Seine Lieblings-CD hat er auch noch nicht gehört.

Luise wartet noch ein bisschen. Dann lässt sie es sein. Weil Leonard ein Quatschkopf ist. Und weil sie außerdem auch nicht stinkt.

Beim Abendessen erzählt Mama von Eva-Marie. Die ist Luises große Cousine und heiratet bald ihren Boris, in den sie verknallt ist.

Etwas später liegt Luise im Bett. Und sie stellt sich vor, wie es ist, wenn Eva-Marie und Boris sich küssen. Und wenn sie Hochzeitskleider tragen und alles. Gern hätte sie Leonard davon erzählt. Aber mit Leonard redet sie im Moment nun mal nicht.

Als sie in die Schule kommt, macht er wieder »Pff!«. Und er hält sich die Nase zu wie Marco und Ben. Und er guckt beim Turnen auch nur kurz zu ihr hin, obwohl sie den Handstand diesmal besonders gut kann.

Leonard kaut auf seiner Lippe.

Bei ihm zu Hause hat sie auch schon einen Kopfstand gemacht. Und sie sind auf den Schrank geklettert und haben gekichert.

Gleich nach dem Mittagessen klingelt er bei Luise an der Wohnungstür und sagt, als sie ihm öffnet: »Vielleicht können wir Nachmittagsfreunde sein.«

»Und was sind wir morgens?«, fragt Luise.

Leonard kratzt sich am Arm. »Na ja.« Er verzieht sein Gesicht.

»Du bist doof«, sagt Luise und schließt vor Leonards Nase die Tür.

»Bin ich nicht«, murmelt Leonard nur und geht in seine Wohnung zurück, aber an diesem Nachmittag fällt ihm irgendwie nichts Richtiges ein. Sein Zimmer ist bereits aufgeräumt. Und zum Alleinspielen hat er keine Lust. Er denkt an Luise. Und daran, dass er kein bisschen doof ist, er nicht. Den ganzen Nachmittag denkt er daran. Auch am Abend und sogar in der Nacht.

Als er Luise morgens zur Schule abholen will, ist sie leider schon weg. Später sieht er sie wieder bei Lena und Kim stehen. Und sie dreht sich nicht nach ihm um. Dafür empfangen Marco und Ben ihn stürmisch. »Ärgern wir nachher wieder die Mädchen?«

Leonard zuckt mit den Achseln. »Vielleicht«, sagt er und ist froh, dass Frau Siebental in diesem Augenblick kommt. Sie hat eine große Kiste voll alter Hüte, Kleider und Jacken mitgebracht, in die Leonard als Erster hineinsehen darf. Ein bisschen muffelig riecht es darin. Leonard zieht an einem Stück weißen Stoff. Er zieht und zieht, denn der Stoff ist riesig und lang. Und als er ihn endlich aus der Kiste heraus hat, bricht Gelächter und Jubel aus. Leonard hat ein Brautkleid erwischt, das er natürlich gleich anziehen soll.

Leonard schluckt. Aber dann macht er es: steigt in das Brautkleid, das viel zu groß für ihn ist.

»Eine Braut ohne Bräutigam ist keine richtige Braut!«, ruft plötzlich einer, und alle sind begeistert, wollen Leonards Bräutigam sein.

Frau Siebental lacht. »Also!«, sagt sie. »Dann such dir mal einen Bräutigam aus!«

Leonard zögert. Ganz sicher ist er sich nicht. Und wer weiß, ob sie überhaupt will ...? Noch bevor er es sich wieder anders überlegt, sagt er schnell: »Ich nehme Luise.«

Einen Moment ist es still. Leonard hält die Luft an. Guckt lieber gar nicht erst zu ihr hin. Aber dann steht sie tatsächlich auf und die ganze Klasse klatscht und johlt und alle trampeln mit den Füßen.

Luise wird in einen schwarzen Frack mit Hut und Fliege gesteckt. Und wenig später stehen sie beide auf dem Pult und es wird Hochzeit gefeiert.

»Herzlichen Glückwunsch«, sagt Frau Siebental.

Leonard und Luise gucken sich an. Nur küssen tun sie sich an diesem Tag nicht.

Das Seepferdchen

von Thomas Fuchs

Jonas war es leid. Immer war er der kleinere Bruder und seine Schwester die Große. Egal wie sehr er sich auch anstrengte, seine ältere Schwester Natalie konnte alles besser oder durfte es als Erste. Sie hatte zuerst die große Schultüte, sie konnte eher Rad fahren als er und besser Ski laufen konnte sie auch.

Neben Natalie fühlte sich Jonas nicht nur jünger, sondern auch kleiner. Das ließ sie ihn auch immer wieder spüren. Zum Beispiel wenn sie mit ihm Monopoly spielte. Nur wenn Jonas ihr von Anfang an die guten und teuren Straßen gab, also die gelben, die grünen und die blauen, nur dann spielte sie mit ihm. Und wenn er sich auf solche Geschäfte nicht einließ, war er einfach nur der blöde, nervende kleine Bruder und Natalie spielte ohne ihn mit ihren Freundinnen.

Eine größere Schwester kann richtig fies sein. Und dass Jonas alles von ihr kaputt macht, stimmt auch nicht. Was konnte er denn dafür, dass an ihrer Lieblingstasse der Henkel abgebrochen war? Er hatte sie doch nicht absichtlich heruntergeworfen.

Manchmal hatte Jonas daher überhaupt keine Lust mehr auf irgendwas. Natalie kannte ja sowieso schon alles oder konnte es besser. Jonas fühlte sich fast wie der Hase in der Geschichte von dem Wettlauf zwischen Hase und Igel. Egal wie sehr sich der Hase beim Laufen auch anstrengt, der Igel ist immer vor ihm da.

Deshalb hatte Jonas auch eigentlich gar keine Lust auf den Schwimmkurs, zu dem Papa ihn angemeldet hatte. Aber Papa meinte, Jonas müsse endlich schwimmen lernen. Natalie könne das ja auch. Was würde Jonas denn machen, wenn er mal zufällig auf einem Schiff wäre, und das würde, wie die *Titanic* beispielsweise, untergehen? Dann hätte er als Nichtschwimmer überhaupt keine Chance. Also ging Jonas brav jeden Dienstagnachmittag zum Schwimmkurs. Nach zwei Monaten konnte er tatsächlich richtig schwimmen und fand es toll. Als die Freibäder öffneten, war er fast jeden Nachmittag dort. Nicht mehr, um nur zu rutschen, wie früher, sondern richtig zum Schwimmen.

Am Donnerstag traf er Sylvia auf dem Spielplatz. Jonas kannte sie aus dem Schwimmkurs. Sylvia sagte, dass sie am Samstag um elf Uhr ihr Seepferdchen mache. Dafür müsse sie eine ganze Bahn im

Becken schwimmen. Außerdem solle sie einen Tauchring vom Beckenboden hochholen, also ungefähr einen Meter tief tauchen. Und dafür bekäme sie dann ein kleines Stoffseepferdchen als Abzeichen und eine Urkunde. So richtig mit Stempel und Unterschrift. Das Seepferdchen würde ihre Mama an Sylvias Badeanzug nähen und dann könne jeder sehen, dass sie schwimmen kann.

So ein Seepferdchen hat Natalie nicht!, schoss es Jonas durch den Kopf. Und er beschloss, am Samstag auch das Seepferdchen zu erschwimmen.

Die nächsten Tage über musste sich Jonas immer wieder fest auf die Lippe beißen, um seinen Eltern und Natalie nichts von seinem Plan zu erzählen. Aber er behielt ihn für sich. Und als seine Familie und er am Samstag wie jedes Wochenende im Freibad waren, ging Jonas allein zum Bademeister und erklärte ihm, was er vorhatte.

Dann legte er los. Die eine Bahn war zwar anstrengender, als er gedacht hatte, doch er schaffte es. Und auch den Ring konnte er vom Beckenboden heraufholen. Der Sprung vom Startblock war anschließend nur noch Formsache. Dann hatte Jonas sein Seepferdchen.

Stolz zeigte er die Urkunde und das Seepferdchenabzeichen seinen Eltern und seiner großen Schwester.

Dass Natalie gleich am nächsten Tag ihren Freischwimmer machte, störte ihn nicht. Sollte sie doch acht Bahnen schwimmen, zwei Meter tief tauchen und vom Ein-Meter-Brett springen.

Er fand sein Seepferdchen viel schöner und außerdem war er diesmal der Erste gewesen!

jim Knopf und Lukas
der Lokomotivführer

von Michael Ende

Drittes Kapitel, in dem beinahe ein trauriger Entschluss gefasst wird, mit dem Jim nicht einverstanden ist

Die Jahre vergingen und Jim Knopf war nun schon fast ein halber Untertan. In einem anderen Land hätte er sicher bereits auf einer Schulbank sitzen müssen, um lesen, schreiben und rechnen zu lernen, aber in Lummerland gab es keine Schule. Und weil es keine Schule gab, fiel es einfach niemandem ein, dass der Junge alt genug war, um lesen, schreiben und rechnen zu lernen. Jim selbst machte sich natürlich darüber keine Gedanken und lebte fröhlich in den Tag hinein.

Jeden Monat einmal wurde er von Frau Waas gemessen. Er musste sich barfuß an den Türpfosten der kleinen Küche stellen und Frau Waas kontrollierte mit einem Buch, das sie ihm auf den Kopf legte, wie viel er wieder gewachsen war. Dann machte sie einen

Bleistiftstrich an den Türpfosten und jedes Mal war der Strich ein kleines Stückchen höher.

Frau Waas freute sich sehr über Jims Größerwerden. Aber jemand andrer machte sich schwere Sorgen darüber: der König, der das Land regieren musste und der die Verantwortung für das Wohl seiner Untertanen trug.

Eines Abends rief er Lukas den Lokomotivführer zu sich in seinen Palast zwischen den beiden Gipfeln. Lukas trat ein, nahm seine Mütze ab und seine Pfeife aus dem Mund und sagte höflich: »Guten Abend, Herr König!«

»Guten Abend, mein lieber Lukas der Lokomotivführer«, erwiderte der König, der neben seinem goldenen Telefon saß, und wies mit der Hand auf einen leeren Stuhl, »bitte, nimm doch Platz!«

Lukas setzte sich hin.

»Nun denn«, begann der König und räusperte sich ein paarmal, »fürwahr lieber Lukas, ich weiß nicht recht, wie ich es dir sagen soll. Aber ich hoffe, dass du es trotzdem verstehen wirst.«

Lukas antwortete nichts. Das bedrückte Aussehen des Königs hatte ihn stutzig gemacht.

Der König räusperte sich noch einmal, blickte Lukas mit ratlosen und bekümmerten Augen an und begann von Neuem: »Du warst doch immer ein verständiger Mann, Lukas.«

»Worum dreht sich's denn?«, fragte Lukas vorsichtig.

Der König nahm seine Krone ab, hauchte darauf und putzte sie mit dem Ärmel seines Schlafrockes blank. Er tat das, um Zeit zu gewinnen, denn er war sichtlich verwirrt. Dann setzte er die Krone mit einem entschlossenen Ruck wieder auf seinen Kopf, räusperte sich noch einmal und sagte: »Mein lieber Lukas, ich habe lange nachgedacht, aber endlich bin ich zu dem Ergebnis gekommen, dass es nicht anders geht. Wir müssen es tun.«

»Was müssen wir tun, Majestät?«, fragte Lukas.

»Habe ich das nicht eben gesagt?«, murmelte der König enttäuscht. »Ich dachte, ich hätte es eben gesagt.«

»Nein«, antwortete Lukas, »Sie haben nur gesagt, dass wir etwas tun müssen.«

Der König blickte versonnen vor sich hin. Nach einer Weile schüttelte er verwundert den Kopf und sagte: »Seltsam, ich hätte wetten können, dass ich eben gesagt habe, wir müssten die alte Emma abschaffen.«

Lukas dachte, er hätte nicht recht gehört, darum fragte er: »Was müssen wir Emma?«

»Abschaffen«, antwortete der König und nickte ernst. »Es muss natürlich nicht sofort sein, aber doch so bald wie möglich. Ich weiß wohl, es ist für uns alle ein schwerer Entschluss, uns von Emma zu trennen. Aber wir müssen es tun.«

»Niemals, Majestät!«, sagte Lukas entschlossen. »Und außerdem: wieso überhaupt?«

»Sieh mal«, meinte der König begütigend, »Lummerland ist ein kleines Land; ein ganz außerordentlich kleines Land sogar im Vergleich zu anderen Ländern wie Deutschland oder Afrika oder China. Für einen König, eine Lokomotive, einen Lokomotivführer und zwei Untertanen reicht es gerade. Aber wenn nun noch ein Untertan dazukommt …«

»Es ist aber doch nur ein halber!«, warf Lukas ein.

»O gewiss, gewiss«, gab der König kummervoll zu, »aber wie lange noch? Er wird von Tag zu Tag größer. Ich muss an die Zukunft unseres Landes denken, dafür bin ich der König. Es wird gar nicht mehr lange dauern, dann ist Jim Knopf ein ganzer Untertan. Und dann will er sich doch ein eigenes Haus bauen. Nun sage mir bitte, wo sollen wir noch ein Haus hinstellen? Es ist doch überhaupt kein

Platz mehr da, weil jede freie Stelle voller Gleise ist. Wir müssen uns einschränken. Es hilft nichts.«

»Verflixt!«, brummte Lukas und kratzte sich hinter dem Ohr.

»Siehst du«, fuhr der König eifrig fort, »unser Land leidet jetzt einfach an Überbevölkerung. Fast alle Länder der Welt leiden daran, aber Lummerland besonders. Ich mache mir schreckliche Sorgen. Was sollen wir tun?«

»Ja, ich weiß es auch nicht«, sagte Lukas.

»Entweder müssen wir Emma, die Lokomotive, abschaffen oder einer von uns muss auswandern, sobald Jim Knopf ein ganzer Untertan ist. Du bist doch Jims Freund, lieber Lukas. Willst du, dass der Junge von Lummerland weggehen muss, sobald er groß geworden ist?«

»Nein«, sagte Lukas traurig, »das sehe ich schon ein.«

Und nach einer kleinen Weile fügte er hinzu: »Aber von Emma kann ich mich auch nicht trennen. Was ist denn ein Lokomotivführer ohne Lokomotive?«

»Nun denn«, meinte der König, »denke einmal darüber nach. Ich weiß, dass du ein vernünftiger Mann bist. Du hast ja noch etwas Zeit, dich zu entscheiden. Aber ein Entschluss muss gefasst werden.« Und er gab Lukas die Hand, zum Zeichen, dass die Audienz beendet war.

Lukas erhob sich, setzte seine Mütze auf und verließ mit gesenktem Kopf den Palast. Der König sank seufzend in seinen Sessel zurück und wischte sich mit seinem seidenen Taschentuch den Schweiß von der Stirn. Das Gespräch hatte ihn sehr angegriffen.

Lukas ging langsam zu seiner kleinen Station hinunter, wo Emma, die Lokomotive, stand und auf ihn wartete. Er klopfte ihr den dicken Leib und gab ihr etwas Öl, weil sie das besonders gerne mochte. Dann setzte er sich an die Landesgrenze und stützte den Kopf in die Hände. Es war einer von den Abenden, an denen das Meer glatt und still dalag. Die untergehende Sonne spiegelte sich im endlosen Ozean und baute mit ihrem Licht eine goldene glitzernde Straße vom Horizont bis vor die Füße des Lokomotivführers.

Lukas schaute auf diese Straße, die in weite Fernen führte, in unbekannte Länder und Erdteile, niemand konnte sagen, wohin. Er sah zu, wie die Sonne langsam unterging und wie die Straße aus Licht immer schmaler und schmaler wurde und zuletzt verschwunden war.

Er nickte traurig und sagte leise: »Gut. Wir werden gehen. Alle beide.«

Ein leichter Wind wehte vom Meer herüber und es wurde ein wenig kühl. Lukas erhob sich, ging zu Emma und betrachtete sie lange. Emma merkte wohl, dass irgendetwas geschehen war.

Lokomotiven haben zwar keinen großen Verstand – deshalb brauchen sie ja auch immer einen Führer –, aber sie haben ein sehr empfindsames Gemüt. Und als Lukas nun leise und traurig »Meine gute alte Emma!«, murmelte, da wurde ihr so weh zumut, dass sie aufhörte zu schnaufen und den Atem anhielt.

»Emma«, sagte Lukas leise und mit einer ganz unbekannten Stimme, »ich kann mich nicht von dir trennen. Nein, wir beide bleiben zusammen. Wo es auch immer sein mag, auf der Erde oder im Himmel – falls wir da überhaupt hinkommen.«

Emma begriff zwar nichts von dem, was Lukas sagte. Aber sie hatte ihn sehr lieb und sie konnte es einfach nicht aushalten, ihn so traurig zu sehen. Sie fing herzzerbrechend zu heulen an.

Lukas gelang es nur mühsam, sie zu beruhigen. »Es ist wegen Jim Knopf, verstehst du?«, sagte er begütigend. »Er wird bald ein ganzer Untertan sein und dann ist hier für einen von uns kein Platz mehr. Und weil ein Untertan für ein Land wichtiger ist als eine dicke alte Lokomotive, hat der König entschieden, dass du wegmusst. Aber wenn du wegmusst, dann gehe ich mit, das ist doch klar. Was soll ich denn ohne dich anfangen?«

Emma holte tief Luft und wollte eben wieder losheulen, als plötzlich eine helle Stimme fragte:

»Was is' los?«

Es war Jim Knopf, der auf Lukas gewartet hatte und dabei schließlich im Kohlentender eingeschlafen war. Als Lukas angefangen hatte mit Emma zu reden, war er aufgewacht und hatte ohne es zu wollen, alles mit angehört.

»Hallo, Jim!«, rief Lukas überrascht. »Das war eigentlich nicht für dich bestimmt. Aber meinetwegen, warum sollst du's nicht wissen? Ja, Emma und ich, wir beide gehen weg. Für immer. Es muss wohl sein.«

»Wegen mir?«, fragte Jim erschrocken.

»Wenn man es bei Licht betrachtet«, sagte Lukas, »dann hat der König nicht so unrecht. Lummerland ist einfach zu klein für uns alle.«

»Und wann wollt ihr fort?«, stammelte Jim.

»Am besten ist es, den Abschied nicht lange hinauszuziehen, wenn es schon einmal sein muss«, antwortete Lukas ernst. »Ich denke, wir fahren gleich heute Nacht.«

Jim überlegte eine Weile. Dann sagte er plötzlich entschlossen: »Ich fahr mit.«

»Aber Jim!«, rief Lukas. »Das geht auf gar keinen Fall. Was würde Frau Waas dazu sagen? Sie würde es niemals erlauben.«

»Am besten fragen wir sie erst gar nicht«, entgegnete Jim bestimmt. »Ich werd ihr einen Brief auf den Küchentisch legen, in dem ich ihr alles erkläre. Wenn sie weiß, dass ich mit dir gefahren bin, dann wird sie sich schon keine zu großen Sorgen machen.«

»Das glaub ich aber doch«, sagte Lukas und machte ein bedenkliches Gesicht. »Außerdem kannst du doch gar nicht schreiben.«

»Ich werd eben einen Brief zeichnen«, erklärte Jim.

Aber Lukas schüttelte ernst den Kopf. »Nein, mein Junge, ich kann dich nicht mitnehmen. Es ist sehr nett von dir und ich würde es auch gerne tun. Aber es geht nicht. Du bist schließlich noch ein ziemlich kleiner Junge und du würdest uns nur …«

Er hielt inne, weil Jim ihm plötzlich sein Gesicht zuwandte, und dieses Gesicht war sehr entschlossen und sehr unglücklich.

»Lukas«, sagte Jim leise, »warum redest du solche Sachen? Du würdest schon sehen, wie gut ihr mich gebrauchen könntet.«

»Na ja«, antwortete Lukas ein wenig verlegen, »natürlich, du bist ja ein brauchbarer kleiner Bursche und in manchen Lagen ist es sogar von Vorteil, wenn man klein ist. Das ist schon richtig ...«

Er zündete seine Pfeife an und paffte eine Weile schweigend vor sich hin. Er war schon nahe daran, zuzustimmen; aber er wollte den Jungen prüfen. Darum begann er wieder: »Denk doch mal nach, Jim! Emma soll ja gerade weg, damit du in Zukunft genügend Platz hast. Wenn du jetzt gehst, dann könnte Emma ja ruhig bleiben. Und ich auch.«

»Nein«, sagte Jim mit trotzigem Gesicht, »ich werd doch meinen besten Freund nicht verlassen. Entweder wir bleiben alle drei hier oder wir gehen alle drei weg. Hierbleiben können wir nicht. Dann gehn wir eben – alle drei.«

Lukas lächelte. »Das ist wirklich nett von dir, alter Jim«, sagte er und legte seinem Freund die Hand auf die Schulter. »Ich fürchte nur, das wird dem König gar nicht recht sein. So hat er sich das sicher nicht vorgestellt.«

»Das is' mir gleich«, erklärte Jim. »Ich fahr jedenfalls mit dir.«

Lukas überlegte wieder eine ganze Weile und hüllte sich in den Rauch seiner Pfeife. Das tat er immer, wenn er gerührt war. Er wollte nicht, dass jemand es sehen sollte, aber Jim kannte ihn.

»Gut!«, kam schließlich Lukas' Stimme aus der Rauchwolke. »Ich erwarte dich also um Mitternacht hier.«

»In Ordnung«, antwortete Jim.

Sie gaben sich die Hand und Jim war schon im Weggehen, als Lukas ihn noch einmal zurückrief.

»Jim Knopf«, sagte Lukas und es klang beinahe feierlich, »du bist wirklich der feinste kleine Kerl, den ich in meinem Leben gesehen habe.«

Damit drehte er sich um und ging schnell davon. Jim schaute ihm gedankenvoll nach, dann lief auch er nach Hause. Lukas' Worte klangen noch in seinem Ohr und zugleich musste er an Frau Waas denken, die immer so gut und lieb zu ihm gewesen war. Und ihm war ganz glücklich und elend zugleich zumut.

Wovon leben Gespenster?

von Cornelia Funke

»Auf dem Dachboden spukt's!«, sagte Tim beim Frühstück. »Hundertprozentig, Papa.«

»Unsinn«, sagte Papa, ohne die Zeitung wegzulegen. »Gespenster brauchen Dreck: Mäusekötel, Spinnen und so was. Gibt es davon irgendwas auf unserem Dachboden?«

»Nee!«, murmelte Tim. »Nur kistenweise Langeweile.« Trotzdem. Irgendwas hüpfte und polterte da oben nachts herum.

Tim suchte den ganzen Dachboden ab, guckte in jeden Karton und in jede Plastiktüte. Nichts.

»Du musst nachts raufgehen«, sagte sein Freund Harry. »Gespenster sieht man nur nachts, das weiß doch jeder.« Mitkommen wollte er aber nicht.

Also schlich Tim eines Nachts, als das Scharren und Trippeln besonders laut war, allein die Bodentreppe rauf, mit einer Taschenlampe und seiner Wasserpistole. Gespenster mochten bestimmt kein Wasser.

Vorsichtig, ganz vorsichtig öffnete er die Tür. Pechschwarz war es dahinter, aber in der Dunkelheit tanzten schimmernde, kleine Gestalten, kaum größer als Kaninchen. Wie Menschen aus Mondlicht sahen sie aus. Ihre raschelnden Kleider, ihr wehendes Haar, alles leuchtete silbrig.

Tim ließ vor Schreck die Wasserpistole fallen.

Die kleinen, bleichen Gestalten fuhren auseinander, als wäre der Wind zwischen sie gefahren. Nur einer blieb stehen, ein Kerl in Kniebundhosen und Rüschenhemd, nicht länger als ein Bleistift.

»Was willst du?«, rief er mit hohler Stimme, zog seinen Degen und schwebte auf Tim zu. »Willst du deine schwarze Seele an unserem Unglück weiden?«

»Wa-was?«, stammelte Tim.

Alle starrten sie ihn an, mit ihren mondbleichen Gesichtern. »Das ist der Kleinste von ihnen!«, wisperte eine Frau in einem langen, bauschigen Kleid. »Der Spinnenjäger ist viel größer!«

»Die Abstauberin auch!«, flüsterte eine andere, die ein genauso komisches Kleid trug. »Wer weiß, Edmund?« Sie lachte leise. »Vielleicht können wir den doch noch ein bisschen erschrecken?«

»Könnt ihr nicht, Edmund«, sagte Tim und machte ärgerlich einen Schritt auf den kleinen Degen-Mann zu. »Was seid ihr? Schrumpfgespenster?«

»Hütet Eure Zunge!«, rief Edmund, sprang vor und stieß Tim den stecknadelgroßen Degen ins Bein.

Tim spürte nicht das Geringste.

»Wir sind die Gespenster dieses Hauses!«, rief Edmund zu ihm hoch, während er weiter wild mit dem Degen herumfuchtelte. »Unser Wohnrecht ist, weiß Gott, älter als das Eure!«

»Richtige Gespenster!«, murmelte Tim und kniete sich auf den Boden, um die kleinen Gestalten besser betrachten zu können. »Aber warum seid ihr so mickrig?«

»Warum?« Edmund rückte sich erbost die Lockenperücke zurecht. »Eure putzsüchtige Sippschaft hat uns das angetan!«

»Alle Spinnweben haben sie zerstört!«, rief eine spindeldürre Dame in mondlichtweißem Nachthemd. »Einige waren mehr als zweihundert Jahre alt. Wo soll ich jetzt das Mondlicht fangen?«

»Und der Staub!«, rief ein Mann mit einem gewaltigen Bart. »Fort. Jede Flocke. Und all die alten Dinge ...«

»Unsere Erinnerungen haben sie fortgeschleppt!«

Edmund schob mit grimmiger Miene den Degen in die Scheide, und die anderen Geister wischten sich bleiche Tränen von den Nasenspitzen.

Eine kleine, dicke Dame in raschelndem Ballkleid schwebte auf Tims Knie. »Wir schrumpfen!«, rief sie mit bebender Stimme. »Mit jeder Nacht. Helft uns, bitte! Besorgt uns etwas Staub, Spinnen, ein paar alte Dinge, Briefe vielleicht ...«

»Tim, bist du etwa noch da oben?« Mama klopfte gegen die Luke von Tims Baumhaus. »Es ist schon stockdunkel!«

»Komme gleich!«, sagte Tim und öffnete das Glas mit den Spinnen, die er im Garten gefunden hatte. Hastig krabbelten sie die Baumhauswände hoch und suchten sich eine dunkle Ecke.

»Ach, noch was, Tim!« Das war schon wieder Mama. »Ich hab heute den alten Plunder vom Dachboden auf den Sperrmüll ge-

bracht. Zwei Kisten fehlten. Weißt du vielleicht, wo die sein könnten?«

»Nee, wieso?«, rief Tim zurück. Drei Dachbodengespenster schwebten durch die Baumhauswand und setzten sich mit einem glücklichen Seufzer auf einen verstaubten alten Kerzenständer.

»Hätte ja sein können«, sagte Mama und ging zurück ins Haus.

»Hier«, flüsterte Tim und schob den Geistern eine Schachtel mit alten Briefen hin. »Spinnen hab ich auch jede Menge besorgt, aber es wird ein bisschen dauern, bis sie ihre Netze fertig haben.«

»Danke!«, hauchten die Geister. »Wir sind dir für den Rest der Ewigkeit zu Dank verpflichtet.«

»Schon gut«, brummte Tim und kroch durch die Luke nach draußen. »Hauptsache, ihr haltet euer Versprechen.«

»Geisterehrenwort!«, wisperten die drei ihm nach.

»Wir werden nicht größer als du. Versprochen.«

»Gut«, sagte Tim.

Während er durch den dunklen Garten zum Haus lief, fragte er sich, wie viel ein Geisterehrenwort wert war. Aber er wusste niemanden, der ihm darauf antworten konnte.

Moritz und der Mann ohne Angst

von Achim Bröger

Moritz liegt im Bett und denkt nach. Er hat heute nämlich einen Mann vor einem Jahrmarktzelt gesehen. Groß, lachend und mit schwarzen Haaren stand er da. Ein anderer hat laut gerufen: »Dieser Mann kennt keine Angst! Er springt aus großer Höhe in ein winziges Wasserbecken! Er zieht den Löwen am Schwanz! Kommen Sie ins Zelt! Sie werden staunen!«

So sieht also ein Mann aus, der sich vor nichts fürchtet, hat Moritz gedacht. Gerne wäre er mit den vielen anderen Menschen ins Zelt gegangen. Aber er hat nur noch einen Euro in der Tasche gehabt, und das ist zu wenig für eine Eintrittskarte. Für sein letztes Geld hat er sich dann Zuckerwatte gekauft und ist nach Hause gegangen.

Moritz liegt da und denkt an den Mann mit den schwarzen Haaren. Er kann sich gar nicht vorstellen, wie das ohne Angst ist. Ein bisschen fürchtet er sich nämlich sogar, wenn er hier so ganz allein in seinem dunklen Zimmer liegt. Und er möchte den Mann fragen: »Sag mal, stimmt das wirklich, dass du niemals Angst hast?«

Der kleine Moritz sieht ihn richtig vor sich. Schwarzhaarig, groß und lächelnd steht er da. So einen Freund möchte ich haben, denkt Moritz im fast dunklen Zimmer.

Und da sitzt der Mann plötzlich auf dem Stuhl neben dem Bett. Bevor Moritz noch erschrecken kann, sagt er: »Hallo, ich bin's, der Jo. Du hast mich hergewünscht. Hier bin ich. Woher kenn ich dich nur?«

»Wir haben uns auf dem Jahrmarkt gesehen«, sagt Moritz. »Ich hab aber kein Geld für eine Eintrittskarte gehabt. Ich heiße übrigens Moritz. Bleibst du ein bisschen bei mir? Ich freu mich nämlich, dass du gekommen bist.«

Jo lächelt und nickt und dann fragt er: »Warum schläfst du nicht, Moritz?«

»Weil es hier dunkel ist«, antwortet der. »Und wenn das so ist, habe ich immer ein wenig Angst. Nicht viel, aber gerade genug, dass es mir die Augen offen hält. So was kennst du nicht, stimmt's? Du fürchtest dich ja vor niemandem und du läufst bestimmt auch vor niemandem davon. Das ist sicher ganz toll.«

»Willst du wissen, wie das ist?«, fragt der Mann. »Dann komm mit.« Im nächsten Augenblick sitzt der kleine Moritz auf seinen Schultern und sie gehen zum Jahrmarkt.

In den Buden ist es dunkel. Nur noch im großen Zelt leuchten die Scheinwerfer. Der Mann an der Kasse schläft. Sie gehen einfach an ihm vorbei und in die Manege.

Dort übt ein Mann im roten Anzug Messerwerfen. Ein anderer lässt Löwen durch Reifen hüpfen. Auf dem Rücken eines Elefanten reitet eine Frau. Und Jo zeigt seinen gefährlichen Sprung von der höchsten Stelle des Zeltes in ein kleines Wasserbecken. Danach ruft er: »Hallo! Messerwerfer!«

Scharfe, glänzende Messer sausen knapp an Jo vorbei. Er lacht nur darüber und klettert auf ein Seil, balanciert und schlägt einen Salto. Am Schluss steckt er seinen Kopf in den Löwenrachen voll scharfer Zähne.

Staunend sitzt Moritz im Sand und denkt: Selbst wenn ich keine Angst hätte, würde ich meinen Kopf nicht zwischen Löwenzähne stecken. Da riecht es bestimmt schlecht. Aber ich würde auf einem Pony reiten. Und ich würde an großen Hunden vorbeigehen, ohne zu zittern. Außerdem würde ich beim Radfahren eine Hand vom Lenker nehmen.

»Mensch, das war toll!«, ruft Moritz begeistert.

Und dann erschrickt er. Riesengroß trottet der Elefant auf Jo und ihn zu. »Vorsicht!«, schreit der kleine Moritz, springt zur Seite und rennt weg.

Natürlich bleibt Jo stehen. Er hat keine Angst und läuft vor niemandem davon. Toll findet der Moritz das.

Aber dann staunt er, denn der Jo jammert: »Ist mir dieses Riesenvieh schon wieder auf den Zeh getreten. Das kommt davon, wenn man nicht davonläuft!«

Moritz sieht sich den Zeh an. Dick und geschwollen ist der. Dann dreht Moritz sich zum Elefanten um. Der zwinkert mit dem rechten Auge, hebt den Rüssel und geht aus dem Zelt.

Der Mann ohne Angst sitzt im Sand, streichelt seinen Zeh und sagt: »Bitte, kleiner Moritz, gib mir etwas Angst von dir, damit ich das nächste Mal weglaufen kann, wenn es nötig ist.«

»Kannst du haben«, sagt Moritz. »Wie viel brauchst du denn? Reicht ein halbes Pfund?«

Nachdenklich sieht Jo seinen Zeh an und fragt: »Kann es ein bisschen mehr sein?« Und im nächsten Augenblick hat Moritz weniger Angst, bestimmt ein Pfund. Er fühlt sich plötzlich ganz erleichtert.

Moritz liegt in seinem Bett. Auf dem Stuhl sitzt kein Jo mehr. Schade, denkt er, es war so, als gäbe es ihn wirklich. Schnell geht er ins Wohnzimmer zu seinen Eltern und fragt: »Haben eigentlich alle Menschen Angst?«

»Ich glaube schon«, meint seine Mutter.

»Nur mein Freund Jo hatte bisher keine«, sagt der kleine Moritz. »Er ist vor niemandem davongelaufen. Dafür hat er einen sehr dicken und roten Zeh gehabt. Aber das muss ich euch ganz genau erzählen.«

Die Mutprobe im Hochhaus

von Mirjam Pressler

Rosalius, das kleine Gespenst, flatterte durch die zerbrochene Scheibe hinunter in den Weinkeller. Dort saß seine Mumu und webte an einem neuen grauen Schleier für die Abschlussfeier.

»Ich gehe nicht mehr in die Schule«, schrie Rosalius. »Hast du gehört, Mumu? Ich will das nicht. Die ganze Abschlussfeier kann von mir aus in der Sonne vertrocknen!«

»Igittigitt, in der Sonne vertrocknen«, schrie Mumu entsetzt. »Sag doch wenigstens: im Licht zergehen.«

»Nein, in der Sonne vertrocknen«, rief Rosalius. Er riss sich den Nebelumhang vom weißen Gewand. »Stell dir mal vor, was der Weiße Lehrmeister von mir verlangt: Ich soll morgen Nacht im neuen Hochhaus spuken. Als Mutprobe. Warum nicht auf dem Friedhof, wie sichs gehört?«

Mumu wickelte einen neuen silbergrauen Faden auf das Weberschiffchen und arbeitete weiter. »Auf dem Friedhof hast du doch schon zum Abschluss des Kindergartens gespukt«, murmelte sie. »Jetzt, wo du so groß bist, muss es etwas Schwierigeres sein.«

»Mumuuuuuu«, heulte Rosalius. »Im Hochhaus! Hast du da schon mal reingeguckt? Keine Ecken, keine Winkel, keine Erker! Nicht mal lange Vorhänge, sondern nur Rollläden. Und geheizte Kellerräume mit elektrischem Licht! Und alles so sauber und ordentlich! Wo soll man sich da verstecken? Und was mach ich, wenn ich einen Menschen sehe?«

»Dann machst du ihm einfach Angst«, sagte Mumu.

»Umgekehrt«, jammerte Rosalius leise. »Ich bin kein guter Geisterschüler, Mumu. Ich schaffe die Abschlussprüfung bestimmt nicht.«

»Du musst sie bestehen«, sagte Mumu ernst. »Dein Vater und dein Großvater und dein Urgroßvater haben sie schließlich auch bestanden.«

Rosalius zuckte mit den Schultern. »Ich bin nicht mein Vater und nicht mein Großvater und nicht mein Urgroßvater«, sagte er. »Darf ich noch ein bisschen in die alte Bibliothek?«

»Von mir aus. Aber komm nicht zu spät zurück. Beim ersten Hahnenschrei wird Pupu heimkommen.«

Rosalius nickte. Er schwebte durch den Keller, vorbei an der Folterkammer, die Treppe hinauf. Vergnügt tippte er unterwegs mit dem Finger an die Wände und freute sich, wenn etwas Kalk zu Boden rieselte. Hier, in der alten Burg, hatte er keine Angst. Hier fühlte er sich wohl. Besonders in der Bibliothek. Hunderte verstaubter Bücher standen da in alten Bücherschränken. Spinnweben zogen graue Schleier über die Decke. Auf dem staubigen Fußboden wimmelten kleine Käfer und Insekten. Ein gemütlicher Raum. Der schönste Raum, den Rosalius kannte.

Mit seinem Lieblingsbuch »Das Gespenst hinter den sieben Bergen« hockte er sich in einen morschen Sessel und fing an zu lesen.

Plötzlich fiel ein Lichtstrahl durch das blinde Fenster auf das Buch. Rosalius erschrak. Er hatte den Hahn überhört! Die Sonne ging schon auf. Pupu wird böse sein, dachte er, als er die Stufen hinunterflatterte.

Aber Pupu war nicht böse, er war besorgt. Mumu hatte ihm schon von der Mutprobe erzählt. »Wenn der Weiße Lehrmeister es verlangt, kann man nichts machen«, sagte er. Er nahm Rosalius auf den Schoß, als wäre er noch ein ganz kleines Gespenst. »Du brauchst dich vor Menschen nicht so zu fürchten«, sagte er. »Wenn du es vor Angst nicht mehr aushältst, weiß ich einen Trick. Ich habe ihn auch schon benutzt. Und davor mein Vater und mein Großvater. Du darfst nur niemandem sagen, dass ich ihn dir verraten habe.«

»Ehrenwort«, versprach Rosalius und schmiegte sich an das Gerippe seines Vaters.

Am nächsten Abend war es so weit. Der Weiße Lehrmeister drückte Rosalius einen silbernen Fingerhut in die Hand und gab ihm die letzten Anweisungen: »Du musst so laut heulen, dass sie Angst bekommen und ihre Türen zuschlagen. Du musst durch die Schlüssellöcher schlüpfen. Du musst sie dazu bringen, dass sie sich in die Ecken verkriechen. Dass ihnen die Angst den Schweiß aus den Poren treibt. Du musst … «

»Ja, ja«, sagte Rosalius. Er steckte den Fingerhut in die Tasche seines wallenden Gewandes. »Ich muss als Beweis ein wenig von diesem salzigen Angstschweiß mitbringen. Mindestens einen halben Fingerhut voll, sonst habe ich nicht bestanden.«

Der Weiße Lehrmeister nickte. Er öffnete die Tür des Schulverlieses, und Rosalius schwebte davon.

Draußen schien der Mond. Vollmond. Sein weiches, sanftes Licht fiel auf die Wiese. Das Käuzchen in der alten Kastanie schrie, ein anderes antwortete ihm vom Wald her. Hinter der Wiese erhob sich das Hochhaus. Groß und schwarz zeichnete es sich gegen den Himmel ab. Viele der Fenster waren erleuchtet. Helle, viereckige Flecken in dem dunklen Klotz. Um das Hochhaus herum standen kleinere Häuser. Die waren älter. In denen hätte Rosalius gerne gespukt. Aber er musste ja ins Hochhaus. Je näher Rosalius der Siedlung kam, umso wärmer wurde ihm. Ungemütlich warm. Er sehnte sich nach der feuchten Kälte seines Kellers und nach seiner Mumu. Er wusste, dass sie jetzt an ihn dachte. Er musste die Mutprobe einfach bestehen. Nur wie? Er hatte solche Angst vor Menschen. Doch dann fiel ihm der Trick seines Vaters ein. Der Trick für den Notfall. Er schwebte weiter.

Schließlich stand er vor der großen Tür des Hochhauses. Neben der Tür waren viele kleine, runde Knöpfe und darunter Namensschilder. Rosalius las die Namen langsam durch. Einer davon gefiel ihm ganz besonders gut: »Schwamm«, im dritten Stock. Was für ein hübscher Name, dachte er. Wie der Schwamm an den Wänden des alten Burgverlieses. Feucht und modrig und kalt. Und außerdem reimt er sich auf »klamm« und »Schlamm«.

Rosalius beschloss, bei »Schwamm« anzufangen. Das Licht im Treppenhaus schlug ihm grell entgegen. Mühsam schob er sich vorwärts. Tränen stiegen ihm in die Augen und tropften auf sein Gewand. Der Aufzug quietschte und ratterte. Dann ging die Tür auf, und zwei Menschen kamen heraus. Rosalius drückte sich im letzten Moment an die weiße Wand. Er wandte das Gesicht ab, damit sie ihn nicht an den hohlen Augen erkennen konnten. Als die Haustür hinter den beiden Menschen zufiel, atmete er erleichtert auf.

Im zweiten Stock waren die Wände rosa angestrichen. Zum Glück tauchte hier kein Mensch auf. Sonst hätte Rosalius sich an die weiße Decke hängen müssen. Wie eine Fledermaus. Eine äußerst unbequeme Haltung.

Endlich erreichte Rosalius den dritten Stock. Hier waren die Wände hellblau. Schnell wutschte er von einer Tür zur anderen, bis er die richtige gefunden hatte. »Schwamm« stand auf dem Schild unter dem Klingelknopf.

Rosalius drückte sein Ohr an die Tür. Nichts war zu hören, es war ganz still. So schnell er konnte, zwängte er sich durch das enge Schlüsselloch. Was für ein schöner, dunkler Flur! Nur durch den Spalt einer angelehnten Tür fiel ein wenig Licht herein.

Rosalius linste in das erleuchtete Zimmer. Ein Mann saß da in einem Sessel und hatte ein Buch in der Hand. Das ist gut, dachte Rosalius. Wenn jemand gern liest, kann er nicht so schlimm sein. Der Mann war sehr alt und hatte eine dicke Brille auf. Sie blitzte im

Licht der Stehlampe, wenn er den Kopf langsam hin- und herbewegte. Ab und zu griff er nach einem Glas mit Wein und nahm einen Schluck. Er sah nett aus. Wirklich. Ein bisschen wie Onkel Theophrastus Bombastus, dachte Rosalius. Der hat auch so tiefe Ringe unter den Augen. Er schaute dem Mann neugierig zu. Der merkte nichts. Er blätterte eine Seite um und trank wieder einen Schluck Wein. Wie kann ich ihm nur Angst machen, überlegte Rosalius. Er zog den silbernen Fingerhut aus der Tasche und nahm seinen ganzen Mut zusammen.

»Huhuuuuuuu«, heulte er und stürzte auf den Mann zu. Der ließ erstaunt das Buch sinken und sah Rosalius an. Aber er schrie nicht. Er verkroch sich nicht in die hinterste Zimmerecke. Und nicht der kleinste Tropfen Angstschweiß erschien auf seiner Stirn.

Er nahm einfach nur die Brille ab und putzte sie mit einem großen, karierten Taschentuch. »Na, so was«, murmelte er. »Ich sollte abends keine Gespenstergeschichten mehr lesen. Das bekommt mir nicht.«

»Huhuuuuuuu«, machte Rosalius und ließ seine Stimme noch schauriger klingen.

Der Mann schüttelte den Kopf. »Jetzt sehe ich schon Gespenster«, sagte er laut. »Gut, dass ich gerade gelesen habe, was gegen Gespenster hilft: Schnittlauch. Mal sehen, ob das wirklich funktioniert.«

Er stand auf und ging in die Küche. Rosalius war vor Schreck ganz weiß geworden, was man bei einem weißen Gespenst natürlich nicht sieht. Er verkroch sich in die hinterste Zimmerecke. Doch der alte Mann hatte ihn bald entdeckt und hielt ihm ein Bund Schnittlauch vor die Nase. Dazu murmelte er: »Nimm Schnittelauch, nimm Schnittelauch, und dem Gespenste platzt der Bauch.«

Rosalius merkte, wie er dicker und dicker wurde. Bald würde er tatsächlich platzen. Das war ein Notfall! Verzweifelt flüsterte er den geheimen Spruch seines Vaters: »Dreiunddreißig Vogelspinnen können nicht wie Vögel singen. Wind, Wind, mach geschwind, mach mich zu einem Menschenkind.«

Und vor den erstaunten Augen des Mannes verwandelte sich Rosalius in einen kleinen Jungen. Er hatte ein weißes Nachthemd an und seine Haare waren auffallend hell, auch seine Augen. Aber sonst sah er ganz normal aus. Nur komisch, er hatte einen silbernen Fingerhut in der Hand.

Herr Schwamm, der alte Mann, ließ sich verblüfft in seinen Sessel fallen und schüttelte den Kopf. »Dass Schnittlauch so eine Wirkung hat, hätte ich nicht geglaubt«, sagte er.

»Es ist eine Gemeinheit, einem Gespenst Schnittlauch vor die Nase zu halten«, sagte Rosalius böse. »Dabei habe ich gedacht, Sie wären ein netter Mensch, weil Sie so einen hübschen Namen haben.«

Der Mann hörte überhaupt nicht auf, den Kopf zu schütteln. Dann sagte er: »Entschuldige. Ich bringe den Schnittlauch zurück in die Küche. Und dann erklärst du mir alles. Versprochen?«

Rosalius nickte.

»Ehrenwort?«, fragte Herr Schwamm.

Rosalius nickte wieder. Was sollte er auch sonst tun? Er kauerte sich auf das Sofa und wartete, bis Herr Schwamm wiederkam.

Dann saßen sie sich gegenüber und Rosalius begann zu erzählen. Herr Schwamm hörte aufmerksam zu. »Und ich muss einen halben Fingerhut voll Angstschweiß mitbringen, sonst habe ich die Prüfung nicht bestanden«, beendete Rosalius seine Geschichte.

»So was Verrücktes habe ich noch nie gehört«, sagte Herr Schwamm. »Zu komisch, wirklich!«

Und auf einmal fing er an zu lachen. Er schlug sich auf die Schenkel. Er nahm die Brille ab, weil ihm vor lauter Lachen Tränen über die Wangen liefen. Besonders, als Rosalius auch noch sagte: »Sie sehen meinem Onkel Theophrastus Bombastus ähnlich.«

»Theophrastus Bombastus«, grölte Herr Schwamm, und die Lachtränen kullerten nur so. Und da hatte Rosalius eine Idee. Er streckte die Hand aus und fing die Lachtränen mit seinem Fingerhut auf.

Darüber musste Herr Schwamm noch mehr lachen. Der ganze Fingerhut war bald voll. Vorsichtig stellte Rosalius ihn auf den Tisch. »Tränen sind doch genauso salzig wie Angstschweiß, nicht wahr?«, fragte er besorgt.

Herr Schwamm konnte vor Lachen nur nicken. Doch dann beruhigte er sich langsam. »Was für ein vergnüglicher Abend«, sagte er schließlich. »So viel gelacht habe ich schon lange nicht mehr. Vielleicht noch nie. Weißt du was, ich hole mir noch ein Glas Wein und wir erzählen uns Geschichten. Aber vorher verwandelst du dich wieder in ein Gespenst, ja?«

Damit war Rosalius natürlich einverstanden. Was gibt es Schöneres als Geschichten? Und in der Gestalt des kleinen Jungen fühlte er sich ohnehin nicht wohl. Er flüsterte: »Dreiunddreißig Vogelspinnen können nicht wie Vögel singen. Wind, Wind, mach geschwind, mach mich zum Gespensterkind.«

Als Herr Schwamm mit einem neuen Glas Wein aus der Küche zurückkam, saß ein Gespenst auf seinem roten Plüschsofa. Rosalius.

Und gegen Morgen, der Himmel wurde schon langsam grau, begleitete Herr Schwamm seinen Gast bis hinunter zur Tür. »Besuch mich mal wieder«, sagte er. »Bitte.«

Rosalius versprach es gerne.

Langsam, wie ein Nebelschwaden, schwebte er zwischen den Häusern hindurch zur Wiese. In der Hand trug er vorsichtig den randvollen Fingerhut. Der Weiße Lehrmeister würde nicht merken, dass es kein echter Angstschweiß war. Und Lachtränen hatte Rosalius eigentlich auch viel lieber.

Die Abenteuer-Kater

von Jo Pestum

1.

Es waren einmal drei Kater, die liebten spannende Abenteuer über alles. Der graue Kater hieß Julius, der rote Kater hieß Grabowski und der gelbe Kater hieß Hermann. Sie saßen am Bachufer und langweilten sich.

»Es wird höchste Zeit, dass wir mal wieder etwas Aufregendes erleben«, sagte Kater Grabowski. »Wer hat eine gute Idee?«

2.

Reiher Roland hatte die ganze Zeit unbemerkt im Schilf gestanden und gelauscht. »He, he, ihr drei Kater! Vielleicht habe ich eine gute Idee für euch. Ihr wollt doch ein aufregendes Abenteuer erleben. Stimmt's?«

»Und ob das stimmt!«, antworteten die drei Kater im Chor.

»Jetzt sperrt mal eure Ohren auf!«, sagte Reiher Roland. »Es gibt eine geheime Pirateninsel. Dort haben die Seeräuber die sieben Steine des Mondes vergraben.«

»Steine?«, kreischte Kater Julius. »Was sollen wir mit Steinen anfangen?«

»Blödmänner!«, kreischte Reiher Roland. »Es handelt sich doch um ganz besondere Steine! Um die wunderbarsten Edelsteine der Welt.«

Kater Hermann rief: »Hopp, sag schon: Wie kommt man zu der geheimen Pirateninsel?«

»Man muss hinfliegen«, verkündete Reiher Roland. »Die Insel liegt nämlich mitten im Meer.«

»Bist du bekloppt?«, schimpfte Kater Grabowski. »Wir können doch nicht fliegen!«

»Warum fliegst du nicht selber zu der Pirateninsel und holst dir die Edelsteine?«, schimpfte Kater Julius.

»Viel zu gefährlich!«, sagte Reiher Roland. »So mutig bin ich nicht.«

»Wir schon!«, sagten die drei Kater. »Also, wie kommen wir dahin?«

»Ihr müsst euch eine Menge Luftballone beschaffen, die bindet ihr euch um die Bäuche, dann könnt ihr schweben. Und wenn dann der Wind richtig bläst, trägt er euch haargenau zur Pirateninsel. Ich zeichne euch einen Plan.«

Reiher Roland zog ein Stück Papier und einen Stift unter dem linken Flügel hervor und fing an, einen Plan von der Pirateninsel zu zeichnen. »Eine Bedingung müsst ihr allerdings erfüllen«, sagte er. »Wenn ihr die sieben Edelsteine erbeutet habt, müsst ihr mir einen schenken.«

»Abgemacht!«, riefen die Kater.

3.

Reiher Roland arbeitete angestrengt an seiner Zeichnung. Und die drei Kater bereiteten sich auf die Flugreise vor. Auf der Kirmes klauten sie jede Menge Luftballone. Den fertigen Plan verstauten sie in

einem Rucksack. Sie banden die Ballone um ihre Bäuche und stellten sich auf das Dach der Scheune.

»Auf geht's, Freunde!«, rief Kater Julius und schwang sich mutig in die Luft. Da schwangen sich auch Grabowski und Hermann in die Luft. Unten auf der Erde stand Reiher Roland und winkte ihnen nach.

4.

Herrlich schwebten die drei Kater mit dem Wind davon. Sie jubelten und waren glücklich.

Tief unter ihnen lag die Erde. Die Häuser und die Bäume und die Straßen waren winzig wie Kinderspielzeug.

5.

Schon bald flogen die Abenteuer-Kater über das weite, weite Meer. Grün und blau und silbern schimmerten die Wellen tief unter ihnen. In rasender Geschwindigkeit sausten sie dahin, und als der Wind immer heftiger blies, wurde den Katern ein bisschen bange.

»Nur Mut, meine Freunde!«, schrie Kater Hermann.

6.

Doch allmählich wurde der Wind zum Sturm. Die drei Kater wurden von den Luftballonen fortgezerrt und durchgeschüttelt. Es kam aber noch schlimmer! Schrecklicher Regen peitschte auf die drei Ballonfahrer nieder und drückte sie fast bis zu den schäumenden Wellen hinunter.

»Aufgepasst!«, brüllte Kater Hermann in höchster Not.

Er hatte nämlich als Erster gesehen, dass gewaltige Haifische ihre Mäuler mit den messerscharfen Zahnketten aus dem Wasser streckten. »Zieht die Beine hoch!«

Sie strampelten und zappelten, um sich vor den zuschnappenden Haien zu retten.

In letzter Sekunde pustete ein gewaltiger Windstoß sie und ihre Ballone wieder hoch.

»Gerettet!«, schrie Kater Julius. »Wir sind gerettet!«

Aber da irrte er sich mächtig.

7.

Mit einem Mal schoss ein Schwarm frecher Killermöwen heran. Die Möwen machten sich einen bösen Spaß daraus, mit ihren spitzen Schnäbeln auf die Ballone einzuhacken.

Wamm! Patsch! Knall! Ein Ballon nach dem anderen zerplatzte.

Kater Grabowski hielt sich die Augen zu. »Freunde, das ist unser Ende!«

Doch Kater Hermann hatte tief unter sich ein Stückchen Land erspäht. »Die Insel!«, rief er. »Haltet aus! Unter uns ist die Insel!«

Kreischend stoben die Möwen davon. Und die drei Kater stürzten mit den letzten Fetzen der Ballone tiefer und tiefer.

Aber was war das?

8.

Sie plumpsten genau auf eine große Palme, die sie wie ein weicher Schirm auffing.

Dreimal, viermal purzelten und hüpften sie wie auf einem Trampolin und dann lagen Julius, Grabowski und Hermann auf ihren Popos im warmen Sand. Mühsam erhoben sie sich auf die Beine und rieben sich erstaunt die Augen.

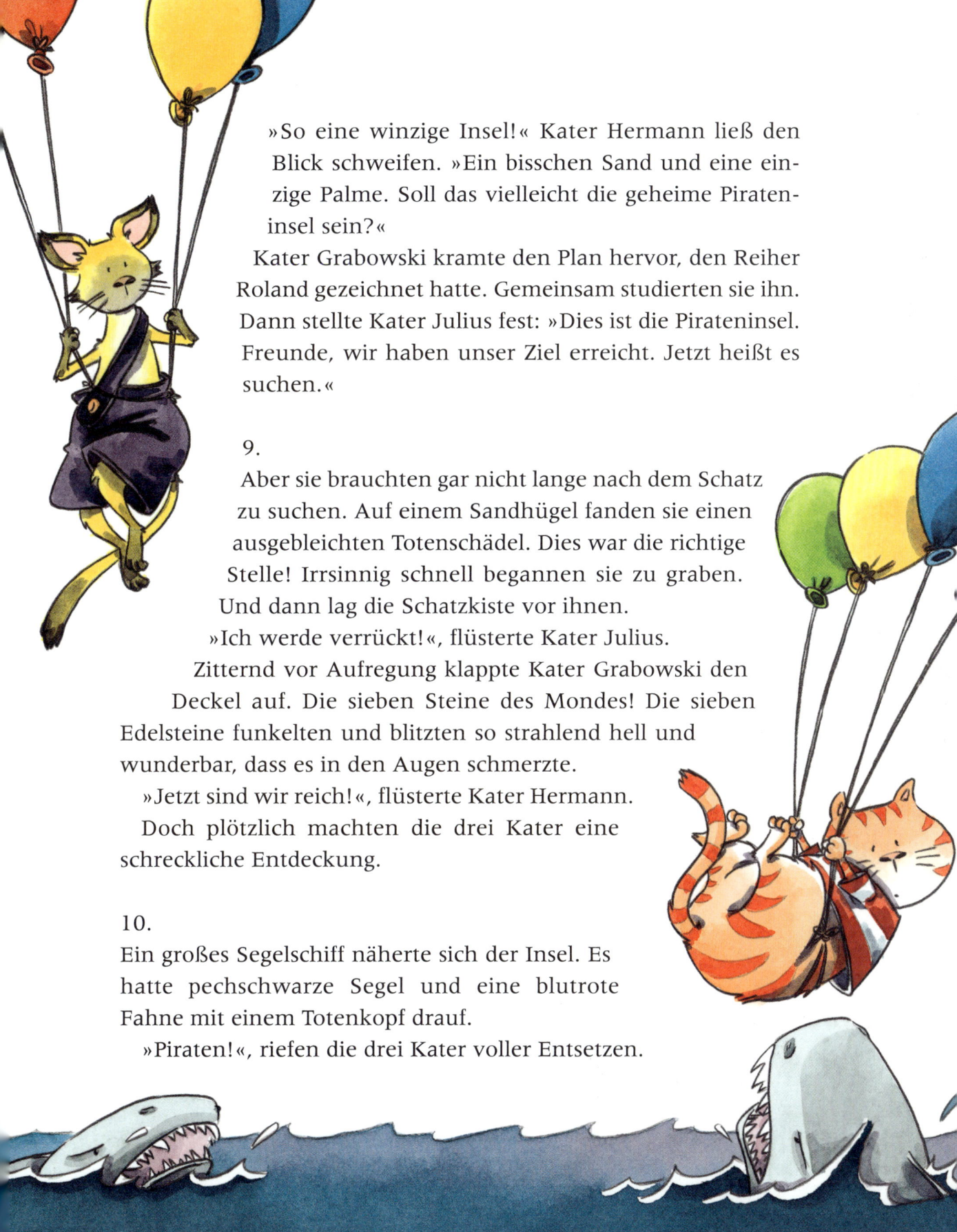

»So eine winzige Insel!« Kater Hermann ließ den Blick schweifen. »Ein bisschen Sand und eine einzige Palme. Soll das vielleicht die geheime Pirateninsel sein?«

Kater Grabowski kramte den Plan hervor, den Reiher Roland gezeichnet hatte. Gemeinsam studierten sie ihn. Dann stellte Kater Julius fest: »Dies ist die Pirateninsel. Freunde, wir haben unser Ziel erreicht. Jetzt heißt es suchen.«

9.

Aber sie brauchten gar nicht lange nach dem Schatz zu suchen. Auf einem Sandhügel fanden sie einen ausgebleichten Totenschädel. Dies war die richtige Stelle! Irrsinnig schnell begannen sie zu graben. Und dann lag die Schatzkiste vor ihnen.

»Ich werde verrückt!«, flüsterte Kater Julius.

Zitternd vor Aufregung klappte Kater Grabowski den Deckel auf. Die sieben Steine des Mondes! Die sieben Edelsteine funkelten und blitzten so strahlend hell und wunderbar, dass es in den Augen schmerzte.

»Jetzt sind wir reich!«, flüsterte Kater Hermann.

Doch plötzlich machten die drei Kater eine schreckliche Entdeckung.

10.

Ein großes Segelschiff näherte sich der Insel. Es hatte pechschwarze Segel und eine blutrote Fahne mit einem Totenkopf drauf.

»Piraten!«, riefen die drei Kater voller Entsetzen.

Schnell schnappten sie sich die Schatztruhe und versteckten sich hinter dem Stamm der Palme.

11.

Das Piratenschiff ankerte vor der Insel. Der Piratenkapitän und seine drei Seeräuber stiegen in ein Boot und ruderten zur Insel. Näher und näher kamen sie.

Die Abenteuer-Kater schlotterten vor Angst.

Als Erster sprang der Piratenkapitän an Land. Sofort zündeten die Piraten ein Feuer an und fingen an zu saufen.

Da rief auf einmal einer der Seeräuber: »Kapitän Klappauge! Schau nur: das Loch! Unser geheimer Piratenschatz ist gestohlen worden!«

Wüst schwenkte der Piratenkapitän seinen Säbel und brüllte voller Wut: »Ich sehe frische Spuren im Sand! Schafft mir die Diebe her – tot oder lebendig!«

»J-j-jetzt s-s-sind wir v-v-verloren!«, stotterte Kater Julius.

12.

Aber lassen sich solche Abenteuer-Kater wie Hermann, Grabowski und Julius so einfach von Seeräubern fangen? Nein, nein, dreimal nein!

»Mir nach, Freunde!«, schrie Kater Grabowski. »Und vergesst die Schatzkiste nicht!«

Schnell wie drei Blitze rannten die Kater zum Boot, sprangen hinein und ruderten los, dass das Wasser nur so spritzte.

Zornig schob sich der Kapitän

die Augenklappe auf die Stirn, klapperte mit dem Klappauge und schrie: »Patz Donnerwetter und Hagelsturm! Haltet sofort an! Wir sind doch die Räuber! Man darf doch Räuber nicht berauben!«

Da klemmten sich die Seeräuber die Säbel zwischen die Zähne und schwammen schnell zu ihrem Schiff, weil sie die flüchtenden Kater verfolgen wollten.

Julius, Grabowski und Hermann ruderten und ruderten mit aller Kraft.

»Sie kommen näher!«, wimmerte Kater Hermann.

13.

Krawumm! Die erste Kugel kam aus der Kanone des Piratenschiffes und schlug neben dem Boot ein. Das Wasser schäumte und kochte. Die Wellen überschlugen sich. Das kleine Boot kippte fast um.

Und wieder dröhnte es: Krawumm!

»Jetzt ist es aus!«, schrie Kater Grabowski in höchster Not. »Jetzt kann uns niemand mehr helfen!«

14.

Aber einer konnte ihnen doch helfen. Ein Wal nämlich. Das heißt: eine Walin. Die Walfrau Sarah hatte erkannt, dass die drei Kater in ihrem Bötchen in großer Not waren. Und weil sie ein mitleidvolles Herz hatte, beschloss sie, die armen Flüchtlinge vor den Piraten zu retten. Sie hob den riesigen Kopf aus dem Wasser und stieß einen mächtigen Strahl hervor. Und oben auf dem Wasserwirbel tanzte nun das kleine Boot und war sicher vor den Geschossen der Piraten.

Die drei Kater jubelten.

15.

Nun schlug die Walfrau Sarah mit ihrem ungeheuren Schwanz zu.

Schschumm! Die Schwanzflosse traf das Piratenschiff mit voller Wucht und auf einmal hatte das Schiff keine Masten und keine Segel mehr.

»Patz Donnerwetter und Hagelsturm!«, zeterte der Piratenkapitän. »Was für schreckliche Zeiten sind das nur! Es macht überhaupt keinen Spaß mehr, Seeräuber zu sein. Mein prächtiges Schiff ist kaputt und meine Schatztruhe ist geklaut. Jetzt bin ich ganz arm.«

Da tat der Piratenkapitän den drei Katern leid.

Sie beschlossen: Einen Edelstein aus der Schatzkiste geben wir ihm wieder. Und so schleuderte Kater Hermann einen funkelnden Diamanten zum Piratenschiff hinunter.

»Patz Donnerwetter und Hagelsturm!«, rief Kapitän Klappauge. »Hätte nicht gedacht, dass es so freundliche Diebe gibt!«

Jetzt hatten die Abenteuer-Kater nur noch sechs Edelsteine.

16.

Behutsam setzte die Walfrau Sarah das Boot auf der Wasseroberfläche auf. »Jetzt seid ihr in Sicherheit«, gluckerte sie.

»Wir danken dir«, riefen Julius, Grabowski und Hermann. Und zum Dank schenkten sie der Walin einen Edelstein.

Jetzt hatten die Abenteuer-Kater nur noch fünf Edelsteine.

Was macht das schon!, dachten sie. Wenigstens sind wir nun in Sicherheit.

Doch das war ein Irrtum.

17.

Ein Sägefisch, der ganz verrückt war aufs Sägen, kam nämlich angeschwommen und fing sofort an mit dem Sägen. Ritsche-ritsche, ratsche-ratsche: Im Nu hatte er das Boot zersägt.

Die armen Kater platschten ins Wasser und schrien laut. Krampfhaft klammerten sie sich an den Holzplanken des zersägten Bootes fest, um nicht zu ertrinken. Mit Mühe retteten sie die Schatzkiste.

Aber was nun?

18.

Der Pelikan Platschek hatte aus der Luft alles gesehen.

»Ich bin mit ein paar Delfinen befreundet!«, rief er den Abenteuer-Katern zu. »Die könnte ich zu Hilfe holen. Was gebt ihr mir dafür?«

Kater Hermann sah ein, dass sie keine andere Wahl hatten. Er rief: »Einen wertvollen Diamanten!«

»Einverstanden!«, krächzte Platschek. »Her mit dem Ding!«

Geschickt fing er mit dem großen Schnabel den Edelstein auf. Dann flog er davon, um die Delfine zu Hilfe zu holen.

Jetzt hatten die Abenteuer-Kater nur noch vier Edelsteine.

Aber dann – dann kam endlich die Rettung!

19.

Munter schnatternd sausten drei junge Delfine herbei und ließen die erschöpften Kater auf ihre Buckel steigen. In irrsinnig raschem Tempo pflügten sie durch die Wellen und brachten die Kater zum Strand. Die Abenteuer-Kater waren so froh, wieder festen Boden unter den Füßen zu haben, dass sie jedem der drei freundlichen Delfine einen Edelstein zum Abschied schenkten.

Jetzt hatten die Abenteuer-Kater nur noch einen Edelstein. Den trugen sie in der Schatzkiste auf ihrem langen Heimweg. Müde, hungrig und durstig kamen sie am späten Abend zu Hause an.

20.

Reiher Roland wartete schon auf sie. »Wo ist mein Edelstein, den ihr mir versprochen habt?«, fragte er.

»Aber wir haben doch nur noch einen!«, rief Kater Julius.

Reiher Roland klapperte mit dem Schnabel. »Tut mir leid, aber das ist eure Sache. Ihr habt mir euer Ehrenwort gegeben.«

Weil Julius, Grabowski und Hermann ehrenwerte Kater waren, die stets zu ihrem Ehrenwort standen, schenkten sie dem Reiher den letzten Edelstein. Der nahm ihn und verschwand im Schilf.

Kater Grabowski machte ein sauersüßes Gesicht. »Ganz arm sind wir losgeflogen zur Pirateninsel, dann waren wir unheimlich reich und jetzt sind wir wieder ganz, ganz arm.«

»Stimmt gar nicht!«, rief Kater Julius. »Wir sind reich, denn wir haben ein herrliches Abenteuer erlebt. Solch ein Abenteuer ist mehr wert als alle Edelsteine der Welt!«

Kleiner, schrecklicher Drache

von Lieve Baeten

(Deutsch von Angelika Kutsch)

Der kleine Drache war in der letzten Zeit ordentlich gewachsen. Fliegen konnte er und ein bisschen Feuer spucken konnte er auch schon. Bald würde er ein großer Drache sein, ein großer, schrecklicher Drache, vor dem sich jeder fürchtete. Er übte fleißig jeden Tag und die Drachenmama und der Drachenpapa und alle anderen großen Drachen waren stolz auf ihn.

»Jetzt brauchen wir einen richtigen Angsthasen, damit du noch mehr üben kannst«, sagte die Drachenmama. »Und der allerbeste Angsthase ist ein KIND!«

»Guck mal«, sagte die Drachenmama. »So sieht ein Kind aus. Ein Kind hat keinen Schwanz und spuckt nie Feuer. Es hat ganz kleine Füße und winzige Zehen. Und es hat keine Flügel. Ein Kind kriegt sehr leicht Angst. Wenn es einen Drachen sieht, fängt es an zu zittern und zu schreien und wird vor Schreck grün und blass im Gesicht.«

»Ja!«, rief der kleine Drache. »Ich will ein Kind.«

Und die Drachenmama flog los, um ein Kind aus dem Dorf zu holen.

Schon bald kam sie zu einem Haus, da roch es nach Kind. Sehen konnte sie nichts, aber sie roch Kinderkleider und Kinderspielzeug, sie roch Kinderkissen und versteckte Kinderschokolade. Sie schnupperte und schnüffelte, doch sie sah kein Kind. Bestimmt hatte sich der Angsthase im Schrank versteckt.

Da hörte die Drachenmama plötzlich ein Quietschen über ihrem Kopf. Die Drachenmama war ganz erstaunt. Das konnte doch kein richtiges Kind sein? Es lief nicht weg, es zitterte nicht, es schrie nicht nach seiner Mama. Egal, es sah jedenfalls aus wie ein Kind. Da würde sich der kleine Drache aber freuen!

»Guck mal, kleiner Drache, das ist für dich!«, rief die Drachenmama und setzte das Kind auf der Burgtreppe ab. »Jetzt zeig uns mal, wie groß und schrecklich du sein kannst.«

Drinnen in der Burg war es dunkel und kalt. Die Drachenmama wartete gespannt.

Und fauchend flog der kleine Drache auf und ab, auf und ab und rundherum. Hatte das Kind Angst?

NEIN, das Kind hatte keine Angst!

»Und jetzt spucke ich FEUER!«, schrie der kleine Drache. Er spuckte und spuckte. Aber was war nur mit dem Kind los? Hatte es endlich Angst?

NEIN, es hatte keine Angst!

Schließlich steckten die Drachen das Kind ins Bett. »Jetzt«, sagte die Drachenmama, »jetzt kriegt es bestimmt Angst. In einem Drachenbett kriegt doch jeder Angst. Passt auf, gleich schreit das Kind nach seiner Mama.«

Die Drachen warteten …

Und warteten …

Aber es blieb ruhig.

Nichts passierte …

Hatte das Kind jetzt endlich Angst?

NEIN, das Kind hatte keine Angst!

Die großen Drachen waren ratlos. Was sollte der kleine Drache denn noch tun?

Er war geflogen, er hatte Feuer gespuckt und er war so schrecklich, wie ein kleiner Drache nur schrecklich sein kann. Und trotzdem hatte das Kind immer noch keine Angst. Vielleicht war es gar kein richtiges Kind? Aber es hatte doch kleine Füße und keinen

Schwanz und Flügel hatte es auch nicht … Alles war, wie es sein sollte. Irgendetwas stimmte nicht mit dem Kind!

Plötzlich kreischte, fauchte und heulte es ganz fürchterlich über den Köpfen der großen Drachen.

»Wir sind groß und schrecklich, rrrooaahhh!«

Die großen Drachen zitterten vor Angst und wurden ganz blass. Dieses Kind konnte fliegen und brüllen wie ein Drache. Das war doch nicht möglich!

»Hört mal, ihr großen Drachen«, rief der kleine Drache. »Das ist ja gar kein Angsthase und er heißt auch nicht Kind. Er heißt Beppo und ich bringe ihn jetzt nach Hause!«

»Es war schön mit dir, kleiner Drache«, sagte Beppo. »Komm mich bald mal wieder besuchen! Gute Nacht!«

Dann flog der kleine Drache nach Hause. »Ich bin der kleine Drache«, sang er, »jetzt hab ich einen Freund und zusammen sind wir richtig schrecklich.«

jakob will stark sein

von Kattrin Stier

So ein dummer Tag. So ein dummer, blöder Tag!

Erst hat Max sich im Kindergarten wieder an der Schaukel vorgedrängelt und Jakob konnte nichts dagegen tun, weil Max einfach stärker ist. Und dann haben ihn die anderen alle ausgelacht, weil auf seinem Pulli ein rosa Herzchen war. Der Pulli ist von seiner großen Schwester Lisa, und Mama hatte gemeint: »Das kleine Herzchen sieht man doch gar nicht. Das ist auch ein ganz prima Jungenpulli.« Aber Max und die anderen haben es eben doch gesehen und haben gelacht. Jakob musste ganz fest die Zähne zusammenbeißen, um nicht zu weinen.

Jetzt im Bett kommen die Tränen doch, und als Mama ihm Gute Nacht sagen will, ist das Kissen schon ganz nass. Sie versucht ihn zu trösten, aber sie versteht einfach nicht, was los ist. Papa würde ihn bestimmt verstehen. Aber Papa ist immer noch nicht zu Hause. Traurig schläft Jakob ein.

Als Jakob am nächsten Morgen aufwacht, liegt etwas neben seinem Bett. Es ist eine rote Mütze – mit einem Zettel drauf. Jakob läuft gleich zu Mama rüber und lässt ihn sich vorlesen.

Lieber Jakob,
leider konnte ich gestern nicht früher kommen. Mama hat mir gesagt, dass du auf mich gewartet hast. Vielleicht kannst du mir ja heute Abend alles erzählen. Die Mütze ist für dich. Es ist eine echte Rennfahrermütze, die hat mir auch schon mal Glück gebracht. Wenn du sie aufsetzt, geht es dir bestimmt gleich besser. Viel Spaß damit und bis heute Abend, mein Großer. Kuss, Papa

Stolz sitzt Jakob mit der Mütze am Frühstückstisch und isst sein Marmeladenbrot. Da kommt Tim angelaufen. Er zieht Jakobs Teddy hinter sich her.

»Timmi Teddy haben?«, fragt er.

»Das ist mein Teddy«, sagt Jakob. Doch dann sieht er Tims enttäuschtes Gesicht und meint großzügig: »Kannst ihn haben, solange ich im Kindergarten bin.« Glücklich tappelt Tim davon.

Auf dem Weg in den Kindergarten spielen Jakob und Mama das Autospiel. Jakob erkennt zehn verschiedene Automarken, Mama nur sechs. Ob das wohl an der Mütze liegt?

Im Kindergarten sind alle draußen. Jakob sucht nach seiner Freundin Anna, doch er kann sie nirgends finden. Dann geht er zur Schaukel rüber. Da kommt Max und drängelt sich mal wieder vor.

»Ey, Mann, ich war dran!«, sagt Jakob und schiebt Max beiseite.

»Na und?«, sagt Max. Er boxt Jakob in den Bauch und reißt ihm die Mütze vom Kopf. Aber Jakob lässt sich das nicht gefallen und schon ist die schönste Schlägerei im Gange.

Frau Meier trennt die beiden Kampfhähne. »Ich will gar nicht wissen, wer angefangen hat. Ihr sollt euch nicht hauen. Und wer stärker ist, hat noch lange nicht recht, verstanden?«

Hanna, Marko, Leonie und Jakob verdrücken sich hinter die Büsche am Rutschenhügel. »Wer am weitesten pinkeln kann!«, ruft Marko.

Jakob gewinnt.

Später gehen sie nach drinnen. Sie singen und spielen im Stuhlkreis. Jakob darf allein das Lied von den Sonnenkäfern singen. Zuerst singt er ganz leise, dann ein bisschen lauter. Keiner lacht, nicht mal Max.

»Toll gemacht, Jakob!«, sagt Frau Meier.

Beim Aufräumen trägt Jakob die schwere Kiste mit den Musikinstrumenten ganz alleine auf den Flur.

»Warte, ich helfe dir«, sagt Frau Meier. Aber Jakob schafft das. Mit der Mütze kein Problem.

Im Flur steht Anna. Sie hat eine neue Brille gekriegt. Deshalb kommt sie erst jetzt in den Kindergarten.

Alle bewundern die schöne rote Brille. Bis Max brüllt: »Haha, Brillenschlange, Brillenschlange, beiß mich doch!«

Und dann machen auch Lena, Sophie und Mirko mit: »Brillenschlange, Brillenschlange, Klobrille!«

Fast fängt Anna an zu weinen. Da hat Jakob eine Idee. Er holt ein altes Brillengestell aus der Verkleidekiste und setzt es auf. »Ich finde Brillen voll cool«, sagt er. »Komm, Anna, wir spielen in der Bauecke!«

Am Nachmittag müssen Jakob und Mama zum Zahnarzt. Ob es wohl wehtut?, überlegt Jakob.

Mama ist als Erste dran und setzt sich auf den unheimlichen Behandlungsstuhl. Jakob greift nach ihrer Hand. Die ist ja ganz feucht!

»Du musst keine Angst haben, Mama, ich bin ja da«, flüstert Jakob. »Und du kriegst auch meine Mütze.«

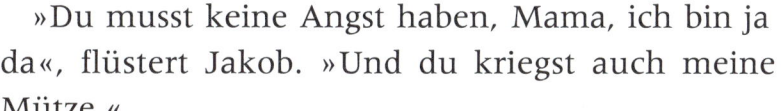

Dann kommt Jakob an die Reihe. Tapfer klettert er auf den Stuhl und macht den Mund ganz weit auf.

Hinterher geht Mama zur Belohnung mit Jakob und Tim ins Schwimmbad. Jakob traut sich zum ersten Mal, vom Sprungbrett ins tiefe Wasser zu springen.

Sie bleiben lange im Schwimmbad. Als sie nach Hause kommen, ist es schon sehr spät. Mama muss schnell Tim ins Bett bringen.

Jakob macht Abendbrot. Er deckt den Tisch und schneidet die Tomaten, ganz vorsichtig mit dem scharfen Messer. Dann legt er sie in einem schönen Muster auf den Teller.

Beim Essen stochert Lisa lustlos auf ihrem Teller herum.

»Was ist denn mit dir los, du wirst doch nicht krank?«, fragt Mama besorgt.

»Nee, aber wir schreiben morgen einen Aufsatz ... und bestimmt fällt mir wieder nichts ein ... «

»Ich weiß was«, sagt Jakob. »Ich geb dir einfach meine Mütze und dann ist das alles kein Problem.«

»Meinst du wirklich?«, fragt Lisa zweifelnd.

»Klar«, sagt Jakob. »Ich hab's ausprobiert.«

Nach dem Zähneputzen kuschelt sich Jakob zufrieden in sein Bett.

Er ist schon fast eingeschlafen, als er den Schlüssel in der Haustür hört. Papa kommt!

»Na, mein Großer, schläfst du schon? Wie war dein Tag?«, fragt er.

»Stark«, murmelt Jakob. »Morgen erzähl ich dir alles. Jetzt bin ich zu müde. Gute Nacht, Papa.«

»Gute Nacht, Jakob.«

Der König des Waldes

von Dagmar H. Mueller

Waldemar Wackelzahn trippelte mit emsigen Mäuseschritten durch die dichten Laubhaufen am Rande des Waldes. Er suchte nach Eicheln und anderen kleinen Leckereien, mit denen er seinen Hunger stillen konnte. Waldemar Wackelzahn mochte zwar nur ein kleiner Mäuserich sein. Aber er hatte einen riesigen Appetit!

Unter den Blättern war leider sehr wenig zu finden. Zu viele Feldmäuse hatten hier schon nach Futter gesucht. Waldemar guckte mit seinen kleinen schwarzen Knopfaugen forschend in den dichten Wald hinein. Hmmm, von dort duftete es herrlich nach saftigen Pilzen!

Da hüpfte ein Eichhörnchen von einem Strauch. »Geh bloß nicht dort rein!«, warnte es. »Weißt du nicht, dass der mächtige König des Waldes jeden von hier bis ans weite Meer pustet, der es wagen sollte, in seinem Wald nach Essen zu suchen?«

»Ehrlich?« Waldemar Wackelzahn guckte erstaunt.

Nachdem das Eichhörnchen zu den nächsten Sträuchern weitergesprungen war, schaute er trotzdem weiterhin sehnsüchtig zu den Pilzen. Doch gerade als Waldemar beschlossen hatte, mäusemutig, aber mucksmäuseleise eine Pfote nach der anderen auf die trockenen Blätter zu setzen, um möglicherweise unbemerkt in den Wald hineinzuschleichen, kam ein gellender Schrei von oben.

»Bist du verrückt? Willst du vielleicht Vogelfutter werden? Weißt du nicht, dass der König des Waldes jeden in tausend Stücke reißt, der es wagt, in sein Revier einzudringen?«

Waldemar Wackelzahn reckte seine spitze Mäusenase nach oben und schnupperte. Dort oben saß ein großer Vogel, dem vor Schreck ein paar Würmer aus dem Schnabel gefallen waren und der mit aufgerissenen Vogelaugen Waldemar entsetzt anstarrte.

Waldemar schnaubte unwillig. Schon wieder dieser König des Waldes!

»Wer ist denn dieser König des Waldes überhaupt?«, piepste er und sah den Vogel fragend an.

»Er ist das größte, das stärkste, das gefährlichste Tier, das im Wald überhaupt lebt!«, antwortete der Vogel und dabei zitterten ihm vor lauter Furcht seine Vogelfedern.

»Ah, pah!«, machte Waldemar Wackelzahn. Aber er war doch ein bisschen verunsichert. Immerhin war er bloß ein kleiner Mäuserich. Und was sollte er tun, wenn dort wirklich so ein riesiges Tier lebte, das nur darauf wartete, sich auf ihn zu stürzen?

Waldemar Wackelzahn trippelte brav zurück auf das Feld und schnüffelte unter weiteren Blättern. Aber nicht mal die klitzekleinste mausehappengroße Eichel war zu finden. Am Abend rollte sich Waldemar unter einem Dach aus Ästen hungrig zusammen, und am Morgen wachte er beim ersten Sonnenstrahl noch sehr viel hungriger wieder auf.

Er reckte seine Mäusenase in die Luft und erschnupperte sofort den verführerischen Duft der saftigen Pilze. Oh, das war doch wirklich zu gemein! Nur weil so ein großes, starkes Tier alles für sich allein haben wollte, sollte er hungrig bleiben?

Nein! Waldemar stand auf und schüttelte den Nachtstaub aus seinem Mäusefell. Nein, dieser König des Waldes, der konnte ihn nicht schrecken. Wenn er ihm tatsächlich begegnen sollte, dann würde er einfach ruck, zuck in einem Mauseloch verschwinden! So ein gewaltiges Tier konnte ihm da ja nicht hinterherkommen! Waldemar begann sich so leise, wie er konnte, in den Wald zu schleichen.

Knacks!, sagten ein paar kleinere Ästchen, die unter seinen Mäusefüßen krachten. Knirsch!, machten die Blätter, über die Waldemar trippelte.

Waldemar Wackelzahn schaute sich unsicher um. Dann lächelte er. Dort! Hinter ein paar Bäumen konnte er schon eine ganze Herde der leckersten Pilze stehen sehen. Gleich würde er an dem ersten knabbern können. Waldemar lief das Wasser im Mäusemund zusammen.

In diesem Moment donnerte eine mächtige Stimme durch den Wald. Eine so mächtige Stimme, dass Waldemars Wackelzahn wackelte, wie er seit Wochen nicht gewackelt hatte! Waldemar musste sich schrecklich zusammenreißen, um nicht selber laut zu schreien.

»HALT!«, donnerte die Stimme. »KEINEN SCHRITT WEITER ODER ICH MACHE MÄUSEHACKFLEISCH AUS DIR, DU KLEINE MÄUSEKRÖTE!«

Waldemar Wackelzahn wusste es, ohne ihn zu sehen. Ohne Zweifel, das war … der König des Waldes! Er hatte Waldemar entdeckt!

»ZURÜCK!«, donnerte die Stimme. »SOFORT ZURÜCK!«

Doch Waldemars wackelige Mäusebeinchen schienen plötzlich aus Wackelpudding zu bestehen. Obwohl er nichts lieber wollte, konnte Waldemar sich nicht von der Stelle bewegen.

»ZURÜCK!«, donnerte die Stimme ein drittes Mal durch den Wald. »SONST SCHLEUDER ICH DICH IN HOHEM BOGEN AUF DEN MOND!«

Aber Waldemar konnte noch immer kein Bein regen. Zitternd wartete er ab, was passieren würde. Auf den Mond! Ob der wenigstens aus Käse war?, überlegte Waldemar bibbernd.

Er wartete und wartete. Doch nichts geschah. Weder flog Waldemar auf den Käsemond noch kam jemand, um Mäusehackfleisch aus ihm zu machen. Es passierte einfach nichts. Gar nichts.

Nach einer Weile hörte Waldemar auf zu zittern. Nach einer weiteren Weile fing er an, sich zu langweilen. Und dann wurde Waldemar neugierig. Er sah sich um. Wo versteckte er sich denn wohl, dieser gewaltige König des Waldes? Hier schien es kaum ein Versteck zu geben, das für das größte aller Tiere groß genug gewesen wäre.

Waldemar trippelte neugierig los. Er schaute hinter ein paar Bäume, guckte unter ein paar Sträucher, bis er an einen Laubhaufen kam, in dem es verdächtig raschelte.

»ZURÜCK!«

Das Donnern war diesmal so nah an Waldemars empfindlichen Mäuseohren, dass er fast umfiel. Doch dann schnupperte er an dem kleinen Haufen aus Blättern. Konnte es sein, dass der große, der starke, der gefährliche König des Waldes hier drin saß?

Waldemar schaufelte mit seinen Mäusepfoten in Windeseile die Blätter beiseite und da sah er ihn: den König des Waldes!

Er saß auf dem Waldboden, hielt ein Megafon in der Hand und guckte Waldemar mit aufgerissenen Knopfaugen zitternd entgegen.

»Du bist auch nur eine Maus?«, fragte Waldemar und musste plötzlich laut lachen. »Du benutzt dieses Ding da, damit deine Stimme laut wird und alle Tiere im Wald Angst vor dir haben?«

»Äh ... «, bibberte der kleine Mäuserich, »so ungefähr!«

»Ja, aber wieso haben alle Tiere hier Angst vor einer Maus, die nichts anderes kann, als ihre Stimme laut zu machen?«, fragte Waldemar Wackelzahn.

»Weil sie doch nicht wissen, dass ich eine Maus bin«, antwortete der kleine Mäuserich schüchtern. »Wirst du mich verraten?«

Waldemar Wackelzahn grinste ihn spöttisch an. »Ach, Quatsch!«, sagte er lässig, weil er das eigentlich ganz komisch fand. Und dann trippelte er mit einem zufriedenen Lächeln auf dem Mäusegesicht eilig rüber zu den saftigen Pilzen.

Thorolf
der Fürchterliche

von Luise Holthausen

Thorolf war der wildeste unter den wilden Wikingern. An Land und auf See wurde er nur »Thorolf der Fürchterliche« genannt, denn überall verbreitete er Angst und Schrecken. Man brauchte nur zu sagen: »Thorolf der Fürchterliche kommt«, und schon erzitterten alle. Kinder begannen zu kreischen, Frauen brachen in lautes Wehklagen aus, und selbst die kühnsten Männer bekamen Schüttelfrost.

»Sie haben alle Angst vor mir. Und du wirst einmal genauso werden wie ich«, sagte Thorolf zufrieden zu seinem Sohn Finn.

»Nein«, antwortete Finn.

»Dann haben sie nämlich auch alle Angst vor dir«, fuhr Thorolf fort. »Sie werden dich Finn Fürchterlich nennen.«

»Nein«, wiederholte Finn.

»Deshalb werde ich dir ab sofort beibringen, wie man ein wilder Krieger wird.«

»Nein«, sagte Finn zum dritten Mal.

Und zum ersten Mal hörte Thorolf es auch. Er glaubte aber, er habe falsch gehört. »Sagtest du eben Nein?«, bohrte er nach.

»Ich sagte Nein«, bestätigte Finn.

»Nein? Was soll das heißen: Nein?« Thorolf hob die Stimme, sodass er noch in der entferntesten Wikingerhütte zu hören war.

»Nein heißt, ich will nicht dein Nachfolger werden«, erklärte Finn. »Nein heißt, ich will nicht, dass alle Angst vor mir haben. Nein heißt, ich will kein wilder Krieger werden.«

»Aber was, bei Odin, willst du denn dann werden?«, schrie Thorolf.

»Ein Schiffsbauer. Ich will viele große Schiffe bauen.«

Thorolf bekam Schüttelfrost, als er das hörte. »Dein Name ist Finn Fürchterlich!

Du bist der Sohn des wildesten unter den wilden Wikingern! Und dann willst du nur ein dummer Handwerker werden und irgendwelche Kähne bauen?«

»Aber ein Handwerker ist nicht dumm«, widersprach Finn. »Und ohne Schiff kannst du nicht zum Fischen aufs Meer hinausfahren. Ohne Schiff kannst du keine fremden Länder entdecken. Ohne Schiff kannst du nicht einmal auf deine Beutezüge gehen.«

Thorolf brummelte ein bisschen vor sich hin, aber er musste zugeben, dass Finn recht hatte. Ohne Schiff war ein Wikinger eigentlich gar kein richtiger Wikinger. Mit schmeichelnder Stimme versuchte er es noch einmal: »Willst du denn nicht trotzdem lieber ein wilder Krieger werden? Die Schiffe können doch andere bauen.«

»Nein«, entgegnete Finn entschieden. Und nach einem kurzen Zögern fuhr er fort: »Ich habe sogar schon angefangen, ein Schiff zu bauen.«

Thorolf wollte seinen Ohren nicht trauen. Da musste er doch etwas falsch verstanden haben! »Womit hast du angefangen?«, fragte er deshalb noch einmal nach.

»Ich habe angefangen, ein Schiff zu bauen«, wiederholte Finn.

»Das will ich sofort sehen«, verlangte Thorolf.

Finn führte ihn zu seiner Baustelle. Als er da nur ein paar schief zusammengenagelte Planken sah, schüttelte es Thorolf schon wieder. »Das soll ein Schiff werden?«, rief er entsetzt.

»Allein kann ich es eben nicht so gut«, gab Finn zu.

Da griff Thorolf selbst zum Werkzeug. Finn half ihm. Aber zwei Menschen allein können auch kein Drachenschiff bauen, selbst wenn einer von ihnen der wildeste unter den wilden Wikingern ist. Deshalb gesellte sich nach und nach das ganze Dorf hinzu. So entstand das schönste und größte und beste Schiff, das je von Wikingern gebaut worden war. Von weit her kamen Seefahrer angereist und wollten es kaufen. Daraufhin bauten Thorolf und Finn mit Hilfe des ganzen Dorfes das zweite Schiff. Und danach das dritte. So verstrichen die Wochen und Monate und Jahre. Aus Finn ist wirklich ein großer Schiffsbauer geworden. Und Thorolf der Fürchterliche hat vergessen, dass er einmal ein wilder Krieger gewesen war.

Wie sich der Franz zu helfen wusste

von Christine Nöstlinger

Der Franz ist sechs Jahre alt. Weil der Franz aber sehr klein ist, merken das viele Leute nicht. Sie halten ihn für vier Jahre. Und dass er ein Bub ist, glauben sie auch nicht.

»Grüß Gott, kleines Mädchen«, sagt die Gemüsefrau, wenn der Franz bei ihr einen Apfel kauft.

»Du bekommst noch Geld zurück, kleines Fräulein«, sagt der Mann im Kiosk, wenn der Franz die Zeitung holt.

Das kommt davon, weil der Franz blonde Ringellocken hat und Kornblumenaugen. Und einen Herzkirschenmund. Und rosarote Plusterbacken. So, glauben die meisten Leute, sehen nur hübsche kleine Mädchen aus.

Der Papa vom Franz hat als Kind auch wie ein kleines Mädchen ausgesehen. Jetzt ist er ein großer, dicker Mann mit Bart, und niemand verwechselt ihn mehr mit einer Frau.

Der Papa zeigt dem Franz oft uralte Fotos und sagt: »Der da, der wie ein Mädchen ausschaut, der bin ich!«

Und dann zeigt er dem Franz Fotos, die ein bisschen weniger uralt sind, und sagt: »Und das bin ich ein paar Jahre später. Da kann mich keiner mehr für ein Mädchen halten. Bei dir wird es genauso sein!«

Für den Franz ist das ein Trost. Aber er ärgert sich trotzdem, dass er wie ein Mädchen ausschaut. Weil manche Buben deshalb nicht mit ihm spielen wollen.

Kommt der Franz in den Park, auf den Spielplatz, und will beim Fußballmatch der Torwart sein, rufen die Buben: »Verzieh dich! Mädchen werden in unsere Mannschaft nicht aufgenommen!«

Sagt der Franz den Buben, dass er kein Mädchen ist, lachen sie ihn aus und glauben ihm nicht.

Sie sagen: »Lüg doch nicht! Man merkt es ja schon an deiner Stimme! So eine Piepsstimme wie du, die hat nur ein Mädchen!«

Dabei hat der Franz gar keine Piepsstimme. Piepsig redet er nur, wenn er sich sehr aufregt. Und das tut er, wenn ihn die anderen für ein Mädchen halten und nicht mitspielen lassen.

Einmal, an einem Sonntag, schaute der Franz aus dem Küchenfenster. Da sah er unten im Hof einen Buben. Einen, den er noch nie im Hof gesehen hatte.

Einen ganz fremden.

Der Bub ging im Hof herum. Und pfiff dabei. Und gab einer Blechdose einen Fußtritt. Die Blechdose sauste quer durch den Hof. Der Bub lief hinter ihr her und gab ihr wieder einen Fußtritt.

»Mama, kennst du den Buben da unten?«, fragte der Franz.

Die Mama kam zum Küchenfenster und schaute auch in den Hof hinunter. »Das wird der Neffe von der Berger sein«, sagte sie. »Wahrscheinlich ist er mit seiner Mutter zu Besuch gekommen. Dem wird in der Wohnung langweilig geworden sein.«

Das verstand der Franz gut. Wenn er bei seiner Tante zu Besuch war, war ihm auch immer recht langweilig.

Der Franz stopfte vier Murmeln, drei Kaugummis, zwei blecherne Quakfrösche und ein Papiertaschentuch in die Hosentaschen und sagte zur Mama: »Du, ich gehe in den Hof hinunter!«

Die Mama hielt das für eine gute Idee. »Aber benimm dich ordentlich«, rief sie dem Franz nach. »Die Berger-Sippe ist etepetete!«

Der Franz hatte keine Ahnung, was eine Sippe ist. Und was etepetete heißt, wusste er schon gar nicht. Weil er es aber sehr eilig hatte, erkundigte er sich nach den zwei unbekannten Wörtern nicht.

Bevor der Franz in den Hof hinausging, holte er noch sein Fahrrad aus dem Keller. Das Fahrrad vom Franz war ziemlich nagelneu. Es war knallrot lackiert und hatte eine große Gummihupe am Lenker. Der Franz war sehr stolz auf sein Fahrrad. Er dachte: Der Bub wird Augen machen! So ein wunderschönes Fahrrad hat der sicher noch nie gesehen!

Der Franz schob das Fahrrad in den Hof hinaus. Er setzte sich aufs Fahrrad und fuhr Kreise um den Buben herum. Die Kreise zog er immer enger. Dabei hupte er laut.

Der Bub hörte zu pfeifen auf. Er rief: »He, du! Wie heißt du denn?«

Der Franz bremste und stieg vom Fahrrad. »Ich heiße Franz!«, sagte er.

Der Bub lachte. »Ein Mädchen kann doch nicht Franz heißen«, rief er.

»Sowieso nicht«, sagte der Franz. »Aber ich bin ja keines!« Seine Stimme war ein bisschen piepsig. Wer Kummer gewohnt ist, hat eine Nase dafür, wenn Kummer bevorsteht!

Der Bub schaute ungläubig.

»Ich bin ein Bub! Ehrenwort! Echt wahr!«, sagte der Franz.

»Glaub ich nicht!« Der Bub schüttelte den Kopf.

Da ging die Hoftür auf, und die Gabi kam mit einem Mistkübel in den Hof. Sie ging zum großen Abfallkübel und leerte den Mistkübel aus.

Die Gabi ist die Freundin vom Franz. Sie wohnt neben dem Franz. Meistens hat sie den Franz sehr gern. Aber an diesem Tag schaute die Gabi den Franz nicht einmal an. Gestern hatte der Franz mit ihr gestritten. Sogar auf die Zehen war er ihr getreten. Und angespuckt hatte er sie. Nur weil sie fünfmal hintereinander beim »Mensch-ärgere-dich-nicht« gewonnen hatte.

Der Bub winkte der Gabi zu. »Du! Komm doch einmal her!«, rief er.

Die Gabi stellte den leeren Mistkübel ab und ging zum Buben und zum Franz hin.

»Was willst du denn?«, fragte sie den Buben. Den Franz schaute sie noch immer nicht an.

Der Bub deutete auf den Franz. »Die da sagt, dass sie ein Bub ist. Stimmt das?«

Jetzt schaute die Gabi den Franz an. Zuerst schaute sie bitterböse, dann lächelte sie. Aber sehr hinterhältig. Und dann sagte sie: »Ach wo! Einen Schmarren! Das ist die Franziska! Die spinnt. Immer sagt sie, sie ist ein Bub!«

Dann drehte sich die Gabi um, holte ihren Mistkübel und lief ins Haus zurück. Dabei kicherte sie.

»Du Rabenaas!«, schrie der Franz hinter ihr her. »Du ganz, ganz gemeines Luder, du!« Vor lauter Aufregung war seine Stimme total piepsig.

»Pfui«, sagte der Bub. »Man darf nicht so gemein schimpfen! Und ein Mädchen schon überhaupt nicht!«

»Sie hat gelogen«, piepste der Franz. »Ehrlich! Nur weil wir gestritten haben. Aus Rache!«

Der Bub schüttelte den Kopf und tippte sich dabei mit einem Zeigefinger an die Stirn.

»So glaub mir doch!«, piepste der Franz.

Der Bub steckte die Hände in die Hosentaschen, seufzte und drehte sich vom Franz weg. »Du bist mir doch viel zu dumm«, murmelte er.

Der Franz ballte die Hände zu Fäusten. Wie ein Boxer stand er da. Wild wütend schaute er drein. »Ich hau dich windelweich, wenn du mir nicht endlich glaubst«, piepste er.

Ohne sich umzudrehen, sagte der Bub: »Mit kleinen Mädchen schlag ich mich nicht herum, das tu ich nicht!«

Der Franz ließ die Fäuste sinken. Hilflos kam er sich vor. Zum Heulen war ihm. Tränen stiegen in seine Augen. Zwei davon kullerten über seine rosaroten Plusterbacken.

Der Bub drehte sich um. »O Gottchen eins«, rief er. »Warum müsst ihr Mädchen denn immer gleich losheulen?«

Da wusste sich der Franz nur noch einen Rat: Er knöpfte seine Hose auf und ließ sie fallen. Und zog die Unterhose bis zu den Knien herunter. »Hier, bitte!«, brüllte er, und jetzt war seine Stimme gar nicht mehr piepsig. »Glaubst du mir jetzt endlich?«

Der Bub starrte auf das nackte Mittelstück vom Franz. Dann wollte er etwas sagen, doch er kam nicht mehr dazu. Die Frau Berger kam in den Hof gelaufen und sauste wie der geölte Blitz auf den Franz zu. Sie brüllte ihn an: »Du Saubartel, du! Ja, schämst du dich denn gar nicht?«

Sie zog dem Franz die Unterhose hoch. Und die Hose auch. Sie packte ihn am Hemdkragen und schleppte ihn ins Haus hinein, die Treppe hinauf, bis zur Wohnungstür vom Franz. Sie drückte auf die Türklingel.

Als die Mama vom Franz die Tür aufmachte, fauchte die Frau Berger: »Lassen Sie dieses Saubartel nicht mehr in den Hof hinunter! Der Kerl verdirbt ja alle anständigen Kinder!«

Dann ließ die Frau Berger den Hemdkragen vom Franz los. Der

Franz stolperte ins Vorzimmer hinein. Die Frau Berger marschierte laut keifend ab.

Seither schaut die Frau Berger den Franz gar nicht mehr an. Nicht einmal, wenn der Franz die Frau Berger höflich grüßt, gibt sie ihm Antwort.

Wie der Franz sich deswegen bei der Mama beklagt hat, hat die Mama gesagt: »Das ist doch klar, Franz! Ich hab dir ja gleich gesagt, dass die Berger-Sippe etepetete ist!«

Jetzt kann sich der Franz unter den zwei unbekannten Wörtern etwas vorstellen.

Er denkt sich: Etepetete-Sippen wollen nicht, dass die Wahrheit ans Tageslicht kommt!

Till
will Ritter werden

von Marcus Sauermann

Till geht seit letztem Sommer in die Schule. Rechnen macht ihm am meisten Spaß. Malen kann er auch ganz gut. Nur Lesen findet Till manchmal etwas schwierig.

Sein Vater sagt: »Lesen muss man können, sonst kriegt man keinen Beruf.«

Till will eigentlich gar keinen Beruf. Er will lieber Ritter werden. Trotzdem gibt er sich Mühe mit dem Lesenlernen. Manchmal ist Till nämlich ganz froh, dass er lesen kann. Manchmal auch nicht. An diesem Tag ist es aber ein großes Glück für ihn, dass er lesen kann.

Auf dem Weg zum Spielplatz macht er nämlich eine Entdeckung.

Vor ihm auf der Erde liegt ein Tuch oder so etwas. Vorsichtig hebt er es auf. Es fühlt sich ganz weich an. Am oberen Rand hat es eine Kordel zum Zubinden. Es ist ein Umhang. Wer den wohl verloren hat? Till überlegt. Vielleicht ein Magier? Magier tragen Umhänge. Mit denen können sie Sachen verschwinden lassen. Das muss Till gleich einmal ausprobieren.

In diesem Moment kommt Frau Jakobs um die Ecke. Sie wohnt in der Nachbarschaft. Frau Jakobs mag keine Kinder.

»Halt!«, schreit Till.

Frau Jakobs lässt vor Schreck ihre Handtasche fallen.

»Ich bin der große Magier Tortellini«, sagt Till.

Frau Jakobs ist platt und sagt erst mal gar nichts.

»Ich verwandle nun deine Handtasche in ein Warzenschwein!« Till wirft den Umhang über ihre Handtasche. »Abrakadabra. Die Tasche soll sein ein hässliches Schwein«, sagt Till. Er schaut unter den Umhang.

»O weh«, sagt er.

»Was?«, fragt Frau Jakobs erschrocken.

»Die Tasche ist immer noch eine Tasche. Der Umhang ist gar nicht magisch«, sagt Till enttäuscht.

Ärgerlich reißt Frau Jakobs ihre Tasche an sich und geht.

Zu dumm, dass der Trick nicht geklappt hat.

Till hätte zu gern Frau Jakobs mit einem Schwein durch die Straßen gehen sehen.

Till entdeckt auf dem Umhang ein kleines Lederschild. Darauf steht etwas. Till liest: »Heinz König«.

Toll, denkt Till, der Umhang gehört einem König. Vielleicht hat er den Umhang irgendwie verloren. Nun wartet er auf einen treuen Untertanen, der ihm seinen kostbaren Umhang zurückbringt, denkt Till. Dem gibt er dann die Prinzessin zur Braut. Till zögert. Heiraten wollte er eigentlich noch nicht. Vielleicht könnte er den König überreden, ihn zum Ritter zu schlagen. Till bekommt Herzklopfen bei dem Gedanken. Sein Entschluss steht fest: Er muss den König Heinz finden.

Till überlegt. Wie findet man einen König? Am besten schaut man im Telefonbuch nach. Till geht zwei Straßen weiter zu einer Telefonzelle. Drinnen steht Frau Jakobs und telefoniert. Wer Ritter werden will, muss Drachen besiegen, denkt Till und öffnet mutig die Tür.

»Tut mir leid«, entschuldigt er sich bei dem Drachen. »Ich komme im Auftrag des Königs.« Schnell greift er zum Telefonbuch und sucht unter K nach König.

»Na warte, jetzt ruf ich deine Mutter an«, sagt Frau Jakobs.

»König, Albert, König, Bernd, König, Dieter und Doris«, liest Till. Welcher König ist nun der echte?

Dann entdeckt Till plötzlich in großen Buchstaben: »Heinz König. Verleih. Schlossstraße 31.«

Das muss er sein. Der echte. Natürlich wohnt er in der Schlossstraße. Aber warum steht da: »Verleih«? Vielleicht, weil er Rittertitel verleiht, überlegt Till.

In dem Moment packt Frau Jakobs ihn am Nacken. »Ich habe hier deine Mutter am Apparat«, sagt sie. »Sie würde gern mal mit dir sprechen.«

Frau Jakobs hält ihm den Hörer hin.

»Hallo, Mama«, sagt Till, »mach dir keine Sorgen. Ich bin auf dem Weg zum König. Bis später.«

Bevor seine Mutter oder Frau Jakobs noch etwas sagen können, ist Till schon draußen.

Auf seiner Suche nach der Schlossstraße entdeckt er am Straßenrand ein Taxi. Till fragt den Fahrer, wie man zum König kommt.

»Zum König?«, fragt der Taxifahrer verdutzt.

»Ja, in die Schlossstraße«, sagt Till, »ich will nämlich Ritter werden.«

Der Fahrer erklärt ihm den Weg zur Schlossstraße.

Zum Glück kann Till die Straßenschilder schon lesen.

Bei dem Schild »Schlossstraße« biegt Till um die Ecke. Endlich kommt er zur Nummer 31.

Da steht aber gar kein Schloss. Nur ein Haus steht da.

Die goldene Schrift über dem Eingang verrät Till aber, dass er hier richtig ist: »Heinz König«.

Vielleicht ist es ein armer König, denkt Till, der sich kein Schloss leisten kann. Till ist ganz aufgeregt. Noch nie hat er einen echten König gesehen.

Langsam öffnet er die Tür. Drinnen hängen ganz viele Kleider. Till geht vorsichtig zwischen all den Kleiderständern hindurch. Plötzlich steht er vor einem Wachsoldaten. Till erschrickt und versteckt sich hinter einem der Kleiderständer.

»Hallo, ist da jemand?«, hört er eine Stimme.

Wer Ritter werden will, muss tapfer sein, denkt Till und kommt wieder hervor.

Die Wache steht immer noch regungslos da. Till merkt, dass es eine Schaufensterpuppe ist.

Ein älterer Mann taucht hinter ihm auf. »Womit kann ich dir helfen?«, fragt er.

»Ich will zum König Heinz«, sagt Till, »ich hab nämlich seinen Umhang gefunden.«

Till zeigt ihm den Umhang.

»Ich möchte aber nicht die Prinzessin zur Belohnung haben. Ich möchte lieber zum Ritter geschlagen werden«, sagt Till, »vom König höchstpersönlich.«

Zuerst guckt der Mann ein bisschen dumm aus der Wäsche. Dann lächelt er freundlich und verschwindet hinter einem Vorhang.

Till schaut sich um. An den Wänden stehen noch andere Schaufensterpuppen.

Eine Fee, einen Koch und sogar eine Ritterrüstung entdeckt er.

Der König ist wohl so arm, dass er sich keine echten Wachen, Ritter und Köche leisten kann, denkt Till.

Der Vorhang öffnet sich. Heraus tritt der arme König höchstpersönlich. »Man sagte mir, du habest meinen Umhang gefunden?«, fragt er.

»Jawohl, Eure Majestät«, antwortet Till.

Aus seinen Märchenbüchern weiß er nämlich, dass man einen König so anredet.

Till gibt ihm den Umhang. Der König freut sich sehr. Dann muss Till dem König erzählen, wie er zu ihm gefunden hat.

Till erzählt dem König auch von den Schildern und Namen, die er schon lesen konnte, und natürlich vom Drachen Jakobs.

Der König ist tief beeindruckt. Feierlich greift er zu einem Plastikschwert. Damit berührt er die Schultern und den Kopf von Till und sagt: »Hiermit schlage ich dich zum Ritter.«

Till ist mächtig stolz.

Zum Abschied schenkt der König ihm noch sein Plastikschwert.

Mit großen, ritterlichen Schritten geht Till nach Hause.

Seine Mutter wartet schon auf ihn. Sie ist böse, weil der Drachen angerufen hat.

Till erzählt seiner Mutter vom Umhang, vom König Heinz und wie er zum Ritter geschlagen wurde.

Seine Mutter ist stolz auf ihn. »Ein echter Ritter würde sich aber bei Frau Jakobs entschuldigen«, sagt sie.

Till will das dann auch morgen machen. Aber sein Schwert nimmt er mit. Sicher ist sicher.

Bärenmärchen

von Kirsten Boie

Es war einmal vor vielen, vielen Jahren, als die Bäume noch in den Himmel wuchsen und die Bäche so klar waren, dass man an ihrem Grund die Kieselsteine wandern sehen konnte, da lebte hoch oben in den Bergen eine Bärin. Und als der Frühling kam und die Vögel in den kahlen Zweigen wieder anfingen zu zwitschern; als der Schnee schmolz und die Sonne die Steine vor der Höhle wärmte; da bekam die Bärin ein Bärenkind. Das hatte so strahlende Augen und ein so glänzendes Fell und seine kleinen Tatzen schlugen so vergnügt nach den ersten Hummeln des Sommers; und es war das wunderbarste Bärenkind von allen.

»Wie schön du bist«, sagte die Bärin und liebte es von ganzem Herzen. Bei Tag brachte sie ihm Fische und Honig, damit es satt wurde und wachsen konnte, und nachts kuschelte es sich fest an ihr weiches, warmes Fell. Am Morgen leckte sie ihm den Pelz, bis er glänzte, und danach spielte sie mit ihm auf der Wiese vor der Höhle wilde Bärenkinderspiele, bis das Bärenkind sich erschöpft und glücklich an ihrem Bauch zum Schlafen legte; und sie liebte es so sehr, dass sein Fell immer glänzender wurde und seine Augen immer strahlender und seine Tatzen immer sicherer. Denn das ist es, was ein Bärenkind zum Aufwachsen braucht: Fische und Honig zum Essen, ein weiches, warmes Bärenfell zum Schlafen und viele freundliche kleine Lecker über Gesicht und Pelz.

»Wie schnell du groß geworden bist!«, sagte die Bärin und nahm das Bärenkind mit an den Bach in der Wiese zum Fischefangen. Da jagte es Butterblumen und dicke, dumme Hummeln und zuletzt fing es fast ganz allein einen Fisch.

»Wie stark du bist! Und wie geschickt!«, sagte die Bärenmutter und sie war so stolz auf ihr Kind, dass sie es am liebsten der ganzen Welt gezeigt hätte. Es war der sonnigste, wärmste Sommer und das Bärenkind war das schönste und klügste, das schnellste und stärkste, das geschickteste und fröhlichste Bärenkind; und seine Mutter liebte es sehr.

Da kam an einem Morgen, der so warm und so sonnig war wie alle, eine fremde Bärin mit ihrem Bärenkind auf die Wiese. Das hatte so ein glänzendes Fell, so strahlende Augen und so geschickte Tatzen; und die Bärenkinder spielten zusammen, den ganzen Tag; und die Bärinnen lagen am Waldrand im Schatten und betrachteten zärtlich ihre Jungen.

»Wie schön dein Bärenkind ist!«, sagte höflich die Bärin zur Fremden.

»Und deins erst! Wie schön dein Bärenkind ist!«, gab die Fremde höflich zurück; und sie sahen voller Stolz auf die Wiese, alle zwei, wo die beiden Bärenkinder wilde Bärenkinderspiele spielten, und jede dachte, dass ihres, ihrs ganz allein, das schönste wäre und das geschickteste und das klügste.

Aber am Abend, als die Bärin mit ihrem Jungen wieder in der Höhle lag, war das Bärenkind zum ersten Mal traurig.

»Mein Spielgefährte hatte glänzenderes Fell als ich!«, sagte das Bärenkind. »Und strahlendere Bärenaugen! Ich bin doch nicht das schönste Bärenkind der Welt.« Und fast hätte es sich in den Schlaf geweint.

»Ach, Unsinn, papperlapapp!«, sagte die Bärenmutter und leckte ihm zärtlich übers Gesicht. »Für mich bist du das schönste von allen.« Denn Liebe macht blind und das soll so sein.

Aber das Bärenkind schlief noch lange nicht ein und dachte voller Kummer, dass es nicht das schönste von allen sei; und das hatte es immer geglaubt.

Die Tage vergingen und die Sonne stand hoch; die Blätter wurden dunkler und in den Sträuchern reiften schon die ersten Beeren: Da kam an einem Morgen, der genauso warm und sonnig war wie alle, eine fremde Bärin mit ihrem Bärenkind über die Wiese. Das sollte im Bach angeln lernen, und das Bärenkind zeigte ihm eifrig, wie man das macht, den ganzen Tag; und die Bärenmütter lagen am Waldrand im Schatten und betrachteten zärtlich ihre Jungen.

»Wie geschickt dein Bärenkind ist!«, sagte höflich die Bärin zur Fremden.

»Und deins erst! Wie geschickt dein Bärenkind ist!«, gab die Fremde höflich zurück; und sie sahen voller Stolz zum Bach, alle zwei, wo die beiden Bärenkinder um die Wette Fische fingen, und jede dachte, dass ihres, ihrs ganz allein, das stärkste wäre und das geschickteste und das klügste.

Aber am Abend, als die alte Bärin mit ihrem Jungen wieder in der Höhle lag, war das Bärenkind zum zweiten Mal traurig.

»Mein Spielgefährte hat mehr Fische gefangen als ich!«, sagte das Bärenkind. »Ich bin doch nicht das geschickteste Bärenkind der Welt.«

»Ach, Unsinn, papperlapapp!«, sagte die Bärenmutter und leckte ihm zärtlich übers Gesicht. »Für mich bist du das geschickteste von allen.« Denn Liebe macht blind und das soll so sein.

Aber das Bärenkind schlief noch lange nicht ein und dachte voller Kummer, dass es doch nicht das geschickteste von allen sei, und das hatte es immer geglaubt.

Die Tage vergingen und die Sonne stand tiefer; die Blätter wurden gelb und in den Sträuchern summten wild die letzten Wespen. Da kamen an einem Morgen, der nicht mehr so warm und so sonnig war wie alle, zwei fremde Bärinnen mit ihren Bärenkindern auf die Wiese. Die spielten und tobten und fingen Fische im Bach und sammelten die letzten Beeren von den Sträuchern; und unser Bärenkind spielte mit ihnen, den ganzen Tag; und die Bärinnen lagen am Waldrand und betrachteten zärtlich ihre Jungen.

»Wie fröhlich eure Bärenkinder sind!«, sagte höflich die Bärin zu den Fremden. »Und wie friedlich sie spielen. Ganz ohne Streit.«

»Und deins erst! Wie fröhlich dein Bärenkind spielt!«, gaben die Fremden höflich zurück; und sie sahen voller Stolz auf die Wiese, alle drei, wo die Bärenkinder einander jagten, und jede dachte, dass ihres, ihrs ganz allein, das fröhlichste wäre und sicher bei den anderen beliebt.

Aber am Abend, als die Bärin mit ihrem Jungen wieder in der Höhle lag, war das Bärenkind zum dritten Mal traurig.

»Meine Spielgefährten waren schneller als ich!«, sagte das Bärenkind. »Meine Spielgefährten waren schöner als ich! Und ich glaube nicht, dass sie ohne mich unglücklich gewesen wären. Ich bin doch nicht das beliebteste Bärenkind der Welt.« Und fast hätte es sich in den Schlaf geweint.

»Ach, Unsinn, papperlapapp!«, sagte die Bärin und leckte ihm zärtlich über das Gesicht. »Für mich bist du das beliebteste von allen.« Denn Liebe macht blind und das soll so sein; auch wenn es manchmal vielleicht besser wäre, sie schärfe den Blick.

Von diesem Tag an ging das Bärenkind nicht mehr mit seiner Mutter auf die Wiese; es lag in der Höhle und starrte vor sich hin.

»Was ist mit dir, Bärenkind?«, fragte die Bärenmutter erschrocken. »Warum kommst du nicht mit mir auf die Wiese zum Bach?«

Aber das Bärenkind gab keine Antwort. Wozu sollte es sein Spie-

gelbild im Bach ansehen, wenn es doch nicht das schönste war? Da konnte es ja gleich in der Höhle bleiben und traurig sein.

»Was ist mit dir, Bärenkind?«, fragte die Bärenmutter erschrocken. »Warum kommst du nicht mehr mit, Fische fangen? Warum kommst du nicht mehr mit, Honig sammeln?«

Aber das Bärenkind gab keine Antwort. Wozu sollte es Fische fangen und Honig sammeln, wenn es doch nicht das geschickteste war? Da konnte es ja gleich in der Höhle bleiben und traurig sein.

»Was ist mit dir, Bärenkind?«, fragte die Bärenmutter erschrocken. »Warum kommst du nicht mit, Freunde besuchen?«

Aber das Bärenkind gab keine Antwort. Wozu sollte es Freunde besuchen, wenn es doch nicht das beliebteste war? Da konnte es ja gleich in der Höhle bleiben und traurig sein.

Da kam an einem Morgen, der endlich kühl und herbstlich war, ein alter, müder Bär auf die Wiese. Der Dunst hing noch über dem Berg und in den Spinnweben glitzerten die Tautropfen; und die Bärin war fortgegangen, allein, um zu jagen und Fische zu fangen. Einen letzten kummervollen Blick hatte sie noch auf ihr Bärenkind geworfen, bevor sie bis zum Abend verschwand.

So fand der alte Bär niemanden vor als das Bärenkind, als er sich mühsam bis zur Höhle geschleppt hatte; an ihrem Eingang brach er erschöpft zusammen. Er brauchte lange, bis er Kraft gesammelt hatte; dann aber sah er im Höhleneingang das Bärenkind, den Kopf in den Tatzen versteckt, das rührte und regte sich nicht.

»Nanu«, sagte der alte Bär erstaunt. »Hat man dich nicht gelehrt, einen Gast zu begrüßen?«

Aber das Bärenkind schämte sich, weil es so hässlich war und nicht das schönste von allen, und es ließ sein Gesicht tief in den Tatzen vergraben.

»Ach, ach, was für ein Elend!«, sagte der alte Bär müde. »Ich hatte gehofft, hier Hilfe zu finden. Denn ich bin weit gewandert und schwach und kann nicht mehr jagen.«

Da dachte das Bärenkind, dass es einem, der Hunger litt, vielleicht nicht so wichtig wäre, wer seinen Fisch gefangen hätte: dass er ihn auch nehmen würde von einem, der nicht der Geschickteste war. Und weil das Bärenkind nicht schuld sein wollte am Hunger des alten Bären oder – wer weiß! – sogar an seinem Tod, machte es sich auf den Weg zum Bach und fing erst einen, dann zwei und dann drei Fische; und die ganze Zeit sah es sein Spiegelbild im Wasser.

Die Fische trug es zur Höhle und legte sie dem alten Bären vor die Tatzen.

»Oh«, sagte der alte Bär erfreut. »Ich danke dir, mein Bärenkind. Was für eine Freude es ist, ein Bärenkind zu sehen, das so ein gutes Herz hat wie du und so strahlende Augen und so ein glänzendes Fell und das so geschickt ist, einem alten Bären drei Fische zu fangen! Schon lange war mir kein Anblick so lieb wie der deine.«

Das Bärenkind sah ihm eine Weile beim Fressen zu und danach legte es sich auf der Wiese in die Mittagssonne und tollte zur Probe ein bisschen herum und hätte mit seinen Tatzen fast das letzte Pfauenauge geschnappt.

Und wenn es zwischendurch einmal dachte (was selten vorkam, denn es hatte genug damit zu tun, Honig aus dem hohlen Baum zu kratzen und Purzelbäume bergab zu üben), dann dachte es, dass es vielleicht nicht das schönste Bärenkind wäre und vielleicht war es nicht das geschickteste und für manche ganz entbehrlich; aber dass es heute drei Fische gefangen hatte und fast ein Pfauenauge; dass es Honig geschleckt und Purzelbäume geübt hatte und dass die Sonne ihm auf die Schnauze schien und dass die Wiese noch voller Herbstblumen stand und dass dem alten Bären sein Anblick lieb war.

Und als der Abend kam und es müde wurde, legte es sich neben dem alten Bären in die Sonne; und es träumte vom vergangenen Tag und erwartete glücklich den nächsten. So fand die Bärin bei der Heimkehr ihr Kind.

Aber was sie zu ihm gesagt hat und was das Bärenkind zu ihr; ob der alte Bär nur diese eine Nacht in der Höhle blieb oder für länger; und welche Bärenkinder das Bärenkind in Zukunft traf und was es mit ihnen spielte: Das weißt du ja sicherlich selber.

Oder?

QUELLENVERZEICHNIS

Sofern nicht anders vermerkt, liegen die Rechte der in diesem Band abgedruckten Geschichten beim Thienemann Verlag (Thienemann Verlag GmbH), Stuttgart.

Isabel Abedi: Der Leuchtturmwärter und der Drache
(erschienen in: Isabel Abedi: Kleine Drachen-Geschichten zum Vorlesen, Verlag Heinrich Ellermann GmbH, Hamburg 2006)

Lieve Baeten: Kleiner, schrecklicher Drache
(erschienen in: Lieve Baeten: Kleiner, schrecklicher Drache, aus dem Flämischen von Angelika Kutsch, Verlag Friedrich Oetinger, Hamburg 2000)

Christian Berg: Tamino Pinguin (Kapitel 1)
(erschienen in: Christian Berg: Tamino Pinguin, Thienemann Verlag GmbH, Stuttgart 2008)

Kirsten Boie: Bärenmärchen © Kirsten Boie

Brinx/Kömmerling: Ibo hat einen Vogel
(erschienen in: Brinx/Kömmerling: Ibo hat einen Vogel, Thienemann Verlag GmbH, Stuttgart 2001)

Achim Bröger: Moritz und der Mann ohne Angst © Achim Bröger

Michael Ende: Jim Knopf und Lukas der Lokomotivführer (Drittes Kapitel)
(erschienen in: Michael Ende: Jim Knopf und Lukas der Lokomotivführer, Thienemann Verlag GmbH, Stuttgart 2004)

Joachim Friedrich: Mein bester Freund und die Gespenster
(erschienen in: Joachim Friedrich: Mein bester Freund und die Gespenster, Thienemann Verlag GmbH, Stuttgart 2003)

Thomas Fuchs: Das Seepferdchen © Thomas Fuchs

Cornelia Funke: Wovon leben Gespenster?
(erschienen in: Cornelia Funke: Leselöwen – Dachbodengeschichten, Loewe-Verlag GmbH, Bindlach 1998)

Angelika Glitz: Der tapfere Toni
(erschienen in: Angelika Glitz/Imke Sönnichsen: Der tapfere Toni, Thienemann Verlag, Stuttgart/Wien 2009)

Dorothee Haentjes: Schaf ahoi
(erschienen in: Dorothee Haentjes/Philip Waechter: Schaf ahoi, Verlag Heinrich Ellermann GmbH, Hamburg 1999)

Luise Holthausen: Thorolf der Fürchterliche
(erschienen in: Luise Holthausen/Dagmar Hoßfeld/Ulrike Sauerhöfer: Spannende Vorleseabenteuer – für Jungen, Esslinger Verlag, Esslingen 2001)

Heinz Janisch: Der blaue Hai
(erschienen in: Heinz Janisch (Hrsg.): Märchen für mutige Jungs, Boje Verlag in der Bastei Lübbe GmbH & Co. KG, © 2010 Bastei Lübbe GmbH & Co. KG, Köln)

Vorlesen macht Mädchen stark

Das Vorlesebuch für kleine starke Mädchen

192 Seiten
ISBN 978 3 522 50158 3

Jedes Mädchen kann stark sein. Das zeigen die 25 Geschichten in diesem Vorlesebuch, die Mädchen Spaß machen und Mut, sich für andere einzusetzen oder auch mal Nein zu sagen.

Geschichten zum Lachen, Träumen und Mitfühlen von den beliebten Autorinnen und Autoren Kirsten Boie, Achim Bröger, Gabriele Dietz, Michael Ende, Thomas Fuchs, Brigitte Endres, Cornelia Funke, Angelika Glitz, Josef Guggenmos, Sigrid Heuck, Ulrike Kuckero, Dagmar H. Mueller, Christine Nöstlinger, Jo Pestum, Rafik Schami, Otfried Preußler, Jeanette Randerath, Frank Maria Reifenberg, Edith Schreiber-Wicke, Sigrid Zeevaert und dem Team Brinx/Kömmerling.

Meine Welt voller Bücher
www.planet-girl-verlag.de